Esther Secanilla

Diamantes escondidos
11 historias de jóvenes y adultos con altas capacidades

Colección
Parenting

Otros títulos publicados en Gedisa:

Supermentes
Reconocer las altas capacidades en la infancia
Esther Secanilla

Ideas para padres en apuros
Cómo ayudar a tus hijos
Joseph Knobel Freud

Ser padres, ser hijos
Los desafíos de la adolescencia
Mario Izcovich

El niño feliz
Dorothy Corkille-Briggs

Come o no come
Los desórdenes alimentarios
Aurora Mastroleo, Pamela Pace

Hijos en libertad
A. S. Neill

Padres como los demás
Parejas gays y lesbianas con hijos
Anne Cadoret

La adolescencia: manual de supervivencia
Guía para padres e hijos
Rosina Crispo, E. Figueroa y Diana Guelar

Diamantes escondidos

Esther Secanilla

gedisa
editorial

© Esther Secanilla Campo, 2021

Corrección: Carmen de Celis

Cubierta: Vanina de Monte

Primera edición: marzo de 2021

Derechos reservados para todas las ediciones en castellano

© Editorial Gedisa, S.A.
www.gedisa.com

Preimpresión: Moelmo S.C.P.
www.moelmo.com

ISBN: 978-84-18525-17-9
Depósito legal: B 85-2021

Impreso por Sagrafic

Impreso en España
Printed in Spain

Para Alex, in memoriam.

Para mi madre, que, como ha dicho siempre y sigue diciendo, «mi cabeza va y ha ido toda la vida como la rueda de un hámster».

Y para tod@s vosotr@s, por supuesto.

[La música, en el mundo] es la respuesta a aquello que no la tiene. [...] Es medicina para el alma.

JAMES RHODES, *Instrumental*, 2015

Índice

Obertura

Las altas capacidades me tocan a fondo: su música me atraviesa, se adentra en mí, me acelera profunda e intensamente.

¿Por qué he escrito este libro? A raíz del capítulo «La evolución de un caso de posible superdotación» de mi anterior libro (*Supermentes. Reconocer las altas capacidades en la infancia*, publicado por Gedisa), se produjeron una serie de reacciones en forma de vivencias y testimonios de adultos que deseaban contar con un espacio para explicar sus experiencias, sus historias de vida relacionadas con esas altas capacidades. Y decidí meterme en este nuevo berenjenal. Me vi inmersa en muchas vidas de personas que habían sufrido y disfrutado —en algunos momentos— de ese su **diamante por pulir**. Y así fue como decidí emprender de nuevo este largo viaje. Agradezco enormemente el tiempo dedicado, la transparencia y la confianza de estas personas, que me permitieron inmiscuirme en su interior y me animaron a seguir en el camino a pesar de las adversidades que fueron surgiendo, y que constituyen una pequeña muestra de otras muchas que se quedaron en el tintero. Por supuesto, han mostrado una gran **generosidad**, característica que tienen en común muchas personas con altas capacidades. Se trata de una cualidad absoluta, aunque no siempre en todos los sentidos ni en los sentidos con los que habitualmente se relaciona este precioso vocablo. En la persona adulta con altas capacidades, la generosidad se refleja de un modo especial en el hecho de ayudar a otras personas, mostrarles diferentes caminos a trazar, darles consejos valiosos, promover su desarrollo y ayudarlas a crecer, a avanzar. Es como si su persona fuera un almacén de recursos. Y ahí está, para aconsejarte, para ofrecerte lo que buscas, para guiarte, para promocionarte. Hay quien siente una cierta incomodidad y sufre por si alguien piensa que quiere quitarle el puesto de trabajo, una amistad o incluso a la pareja. Pero no es eso; se trata de ofrecer su sabiduría de forma generosa. Como comenta Adda,[1] hay personas que son tacañas con su conocimiento, con su saber hacer, con sus prerrogativas y ventajas en el seno de la sociedad. Para las personas dotadas, la preocupación por la transmisión prevalece sobre el resto. Existe una gran satisfacción en transmitir su saber hacer para ponerlo al servicio de los demás y contribuir a su desarrollo. La generosidad, por su parte, puede convertirse en un perjuicio, pues deja más vulnerable a la persona al sufrir por los otros o por sus reacciones. Pero la persona con altas capacidades suele ser generosa, aunque acabe siendo víctima de su gran corazón.

A través de las voces de los testimonios que aparecen en este libro, explorarás sus vivencias y los aspectos característicos de las altas capacidades, algunos comunes, otros no tanto. La intención es aproximarse a cualquier persona, conocedora o no de las altas capacidades, para ir componiendo juntos una sinfonía en la que se visibilice su existencia. Te darás cuenta de que no todas las personas con altas capacidades comenzaron a leer libros a los dos o tres años, ni son genios dibujando; no todas son músicos, ni sacan buenas notas en todo ni tienen éxitos académicos. Todo lo contrario. Verás casos de fracaso escolar, de bullying, de adicciones. Ya afirmaba Jung[2] que «la cuestión del niño superdotado no es sencilla, pues a este niño no se le reconoce por el hecho de ser un buen alumno. A veces es un mal alumno. Incluso puede llamar negativamente la atención porque siempre está distraído, hace travesuras, es holgazán, indolente, desobediente, testarudo [...]. Tiene una profundidad enorme, temperamento e intensidad en la personalidad. El riesgo está en la presencia de los contrarios, que lo predispone para los conflictos interiores. Lo más

---

1. Adda, A. y Brunel, T. (2015), *Adultes sensibles et doués. Trouver sa place au travail et s'épanouir*, Odile Jacob, París, pp. 105-109.
2. Jung, C. G. (2010), *Sobre el desarrollo de la personalidad*, Obra completa, vol. 17, Trotta, Madrid.

útil no es trasladarlo a las clases especiales, sino que el educador les preste una atención personal. El corazón del educador desempeña una función muy importante. La materia de la enseñanza es el mineral imprescindible, pero el calor es el elemento vital tanto de la planta que crece como del alma infantil».

Pues sí, los diamantes son minerales, grandes piedras preciosas, tesoros que poseen un brillo especial, una luz única, maravillosa, que se forman en el interior de la tierra a altas temperaturas y con presiones elevadas. Los diamantes son uno de los materiales más resistentes. Formar uno implica que haya carbono puro cristalizado y altas presiones, que es lo que dará lugar a un diamante en bruto. Los diamantes en bruto están insertados en rocas de diamantes puras: todavía no han sido manipulados ni procesados. Tienen formas diversas, bellas, naturales; pero su belleza está escondida, por descubrir. Los especialistas en piedras preciosas dicen que, para reconocer la autenticidad de un diamante, hay que aceptar sus imperfecciones, pues se forma y crece en la propia naturaleza, en Gaia. Pero cuando se le pasa una lija, se empaña y se pone a contraluz, refleja la luz e ilumina intensamente. Dar forma a un diamante en bruto es un proceso largo, intenso, profundo, lleno de sorpresas y a veces complicado por su delicadeza.

Verás que la música acompaña a estas voces, las guía, las conduce, las explora. Diamantes y música me llevan a pensar en diferentes obras, como la bella película *Desayuno con diamantes*, adaptación de la novela de Truman Capote, que me trae a la memoria reminiscencias de aquella banda sonora dirigida por Henry Mancini que recibió el Oscar a la mejor música. O la composición de *Los diamantes de la corona*, zarzuela de Barbieri.

En los casos con altas capacidades, me he encontrado la mayoría de las veces con personas que aman la música: niños, jóvenes y adultos. Personas que por su sensibilidad se identifican con una o varias canciones, piezas musicales, sinfonías, en momentos verdaderamente importantes, y que son arrastradas a emociones intensas que van viviendo. También les acompaña la música en los momentos complicados de la vida, como una extensión más de ellos mismos. En muchos casos se observa una verdadera conexión con determinados instrumentos musicales, practicándolos muchas veces de forma casi innata, de forma autodidacta, sin haber estudiado en escuelas o conservatorios. Hace unos días, un niño de apenas cuatro años me explicaba cómo disfruta con su instrumento favorito, el violonchelo. Sus padres, después de mucho insistirle que probara otros instrumentos para descubrir cuál le gustaba, finalmente le apuntaron en la escuela de música del barrio tras mostrar tal seguridad con el chelo. Otros muchos testimonios no saben tocar instrumentos, no tienen ni idea de música, pero la aman. En la evolución del niño, el ritmo y la música constituyen un aspecto importante. El ritmo nos acompaña desde pequeños a través del latido del corazón y nos permite vivir. El llanto del niño durante los primeros meses y años de vida, y la respuesta de los padres al acunarlo, mecerlo, calmarlo, haciendo que se sienta seguro, influyen en sus sistemas y en las hormonas de respuesta al estrés. La música está presente en nuestra vida ya antes del nacimiento. Especialistas en musicoterapia afirman que el canto prenatal es efectivo para mejorar el contacto de los futuros padres con el bebé, para sintonizar sus emociones.

Curiosamente, los instrumentos escogidos para esta muestra han sido de cuerda y de viento. Veamos algunas características, siguiendo a Poch, Benenzon y Lingerman,[3] en las que haré constar algunos de los instrumentos seleccionados por los protagonistas:

♪ **Los de cuerda** suelen evocar el sentimiento por su sonoridad expresiva y penetrante que hace que se vivencie su expresión como una relación humana que llega al oyente. Son emotivos, transparentes, claros, relajantes, delicados. Pueden aliviar y sosegar los miedos, aportando armonía y paz. Se dirigen a la mente y al alma. El violín posee la cualidad lírica: su timbre agudo resulta excitante. El violonchelo tiene un timbre grave que anima a las personas tristes o deprimidas. La guitarra tiene una sonoridad

3. Poch, S. (2006), *Compendio de musicoterapia*, vol. II, Herder, Barcelona. Benenzon, R. (2008), *La nueva musicoterapia*, Lumen, Buenos Aires. Lingerman, H. (2009), *Musicoterapia. El poder curativo de la música*, Océano Ámbar, Barcelona.

triste; atrae por su sonido. El arpa puede ser muy sedante en los registros medios-bajos y muy excitante en los agudos. El piano, uno de los instrumentos más escogidos, permite crear diferentes estados de ánimo.

♪ **Los de viento madera** mantienen la línea melódica; afectan al mundo de las emociones y los sentimientos, haciendo que el oyente se sienta más ligero y despejado. Su poder liberador puede provocar una alegría muy viva y ágil. Sus melodías están ligadas al pensamiento y a las ideas concretas de representación, que en el contexto terapéutico se utilizan para discriminar diferentes conceptos o situaciones. La flauta tiene un timbre frío, como una pluma; es apropiada para melodías de carácter simple, gracioso, y en el modo menor imprime suaves toques de dolor punzante.

♪ **Los de viento metal** despiertan sentimientos de nobleza, potencia y majestuosidad, imprimiendo un carácter brillante, triunfal y solemne, y expresando alegría, vitalidad y agilidad. No obstante, un exceso de música de metal puede ser perturbadora para niños muy sensibles.

♪ **La percusión** es la más Gaia: representa la tierra, con los aspectos más primarios de la persona, con ritmos orgánicos. Aporta ritmo, color y fuerza a la textura orquestal. Destaca por su poder liberador, incitando a la acción y a la movilidad.

Según Tolstoi, «la música es la taquigrafía de la emoción». En un estudio realizado por Lemos[4] con el objetivo de evaluar la relación entre instrumentos musicales y rasgos de personalidad, se encontró que las personas con rasgos de extraversión (cantidad e intensidad de las relaciones interpersonales) que puntuaron más altas eran las que pre-

---

4. Lemos, V. N. (2000), «Rasgos de personalidad asociados con la ejecución de determinados instrumentos musicales», en *Interdisciplinaria*, vol. 17, n.º 1, pp. 1-20.

ferían instrumentos de viento bronce, y las más bajas los de cuerda, especialmente guitarra y piano. Los instrumentos de bronce son los más propicios para tocar en una banda, lo cual favorece las oportunidades de establecer relaciones más sociales. En cuanto al rasgo de neuroticismo (ansiedad, autocrítica, impulsividad, vulnerabilidad y tolerancia a la frustración), las guitarras obtuvieron puntuaciones más altas que el resto. Está claro que la música es un alimento para el alma, pero al mismo tiempo tiene una gran importancia para la salud física y psíquica: resulta terapéutica al expresar, al acompañar, y uno de los efectos sociales de la misma es favorecer la expresión de uno mismo.[5] La música influye, pues, en las propias emociones; también permite expresarse y, por tanto, comunicarse. Asimismo, la música transmite emociones mediante tono, ritmo, volumen y muchas otras cualidades musicales. Recientemente se ha confirmado que el timbre también se asocia directamente con la emoción; por ejemplo, un cuerno se percibe como triste.[6] Por tanto, cada instrumento puede desarrollar una emoción determinada; cada pieza musical puede hacer surgir las emociones de forma directa, influyendo en el estado de ánimo de la persona y fortaleciendo la creatividad.

Las voces escogidas se han relacionado con un instrumento elegido por ellas mismas, con el que se identifican. A lo largo de los años, he observado que las personas con altas capacidades, además de apreciar la música, pueden identificarse con grupos de instrumentos más emocionales, más intensos. Los he distribuido teniendo en cuenta un hilo conductor, una progresión de instrumentos musicales y de temas abordados, comenzando por los de cuerda (arpa, piano, guitarra, ukelele, violín, chelo), seguidos por los de viento (flauta, ocarina, armónica, saxo, trombón) e incluyendo un acompañamiento de batería. El libro sigue una estructura matemática, un esqueleto contundente a

---

5. Denis, E. J. y Casari, L. (2013), «La musicoterapia y las emociones en el adulto mayor», en *Revista diálogos*, Universidad Nacional de San Luis, vol. 4, n.º 2, pp. 75-82.

6. Chau, C., Wu, B. y Horner, A. (2014), «Timbre Features and Music Emotion in Plucked String, Mallet Percussion, and Keyboard Tones», en *Proceedings ICMC*, 14-20 de septiembre.

lo largo de cada capítulo, con la música que lo acompaña, el *Boléro*[7] de Ravel. En cada capítulo, además, te llegarán diferentes sinfonías, músicas que me han sugerido los testimonios y/o que he ido escuchando durante el proceso de análisis y escritura.

Mi deseo es que recibas la música que escribe cada testimonio como una posibilidad de comprender —comprenderte quizá a ti mismo y a otros, comprender a las personas con altas capacidades—; para ello encontrarás en cada testimonio algunas palabras en cursiva, que corresponden a aquellas «características» que pueden —o no— ser coincidentes en muchos casos de seres que tienen altas capacidades —no que son simplemente eso—. Su anonimato queda asegurado en estas líneas: están camufladas entre ritmos, músicas e instrumentos varios.

Al final de cada capítulo, verás que realizo un análisis sobre diferentes aspectos que han surgido en cada testimonio. Explico algunos conceptos sobre lo que implica tener altas capacidades, conceptos asociados que pueden o no darse, pero no solo eso: me he dedicado a desgranar las emociones que surgen. Para mí eso es esencial. Más allá de indicar las características, sus implicaciones, los tipos, el CI, el concepto de inteligencia...; más allá de todo eso, que por otra parte puede encontrarse en numerosas referencias bibliográficas de calidad, me ha interesado ahondar en los sentimientos, las inquietudes y las necesidades que han ido manifestando con total confianza los testimonios que han participado en esta aventura. A tod@s ell@s les estoy inmensamente agradecida, pues, sin sus bondadosas y pacientes explicaciones, este libro no habría sido posible y sus lectores no tendrían la

---

7. Original en francés.

oportunidad de darse cuenta de una serie de realidades que podrían hacerse extensivas a este pequeño gran mundo de las altas capacidades. Debo pedir disculpas por ahondar en sus vidas; soy consciente de que a la mayoría les ha conmocionado y en algunos momentos les ha supuesto un esfuerzo tener que revivir ciertas situaciones. GRACIAS.

Elegir los testimonios ha sido una tarea laboriosa, pero muy agradable. Muchas de las colaboraciones han surgido de algunas de las entrevistas y publicaciones realizadas a propósito de mi anterior libro, *Supermentes. Reconocer las altas capacidades en la infancia*, editado por Gedisa, a quien agradezco de nuevo la oportunidad de trabajar conjuntamente —y más en estos momentos difíciles que hemos vivido— y su entusiasmo ante esta propuesta. Otros testimonios han llegado a través de conocidos de conocidos y también de personas allegadas. Lo que sí me «preocupó» fue que la muestra no fuera solamente española, sino que se extendiera a otros países, y aquí debo agradecer la oportunidad que he tenido de conversar con muchas personas latinoamericanas. GRACIAS. Muchos testimonios han quedado sin salir a la luz, pues la extensión habría sido exagerada y abrumadora para el lector. Como dice mi editora, la escritura no es finita. Gracias también a los que no salís en este proyecto pero que estáis ahí. Nunca se sabe; seguro que habrá otras oportunidades.

Observarás que la mayoría de los testimonios son de mujeres adultas, ¡qué casualidad!, pero la mayor parte son de madres que hablan de sus hijos en proceso de diagnóstico o diagnosticados. Únicamente hay un testimonio de una niña pequeña y solo hablan dos hombres adultos. Por eso he querido abordar en uno de los capítulos las altas capacidades y el género. Aquí doy tan solo algunas pinceladas, aunque se podría dedicar todo un libro a ello. Era impensable para mí no tratarlo, aunque me he quedado con ganas de más.

Y los adultos con altas capacidades..., ¿dónde están? Cheryl Ackerman (2019),[8] en un artículo publicado en SENG, señala: «En una sociedad que considera en gran medida a los adultos superdotados como aquellos que han alcanzado cierta importancia en su campo, y

---

8. Véase https://www.sengifted.org/post/gifted-adults.

que concentra casi toda su atención (poca) en niños superdotados, es difícil pensar en adultos superdotados en otras formas. Incluso entre los profesionales que trabajan con los superdotados, hay una falta de atención a los adultos superdotados. Debido a esta falta de atención, la mayoría de la información disponible sobre adultos dotados se enfoca en aquellos que han alcanzado una gran eminencia. Sin embargo, la comunidad de adultos dotados es mucho más amplia que eso». Efectivamente, en los siguientes capítulos te vas a encontrar con una gran diversidad de adultos con altas capacidades, algunos diagnosticados en edad escolar, otros no. Y podría afirmar que actualmente, además de la invisibilidad de las altas capacidades, nos encontramos con una doble invisibilidad, la de los adultos de altas capacidades.

Txus di Fellatio[9] escribía desde El Cairo: «La Música es el idioma del Alma y las novelas son los besos que la imaginación da a nuestra vida. El autor solo escribe la mitad de una obra, de la otra mitad debe ocuparse quien la recibe».

Adelante, pues, ¡y a disfrutar, tanto como yo lo he hecho, de este maravilloso viaje armónico!

---

9. Mägo de Oz (2005), *Gaia II: La voz dormida*, p. 1.

MOVIMIENTOS

Diamante 1

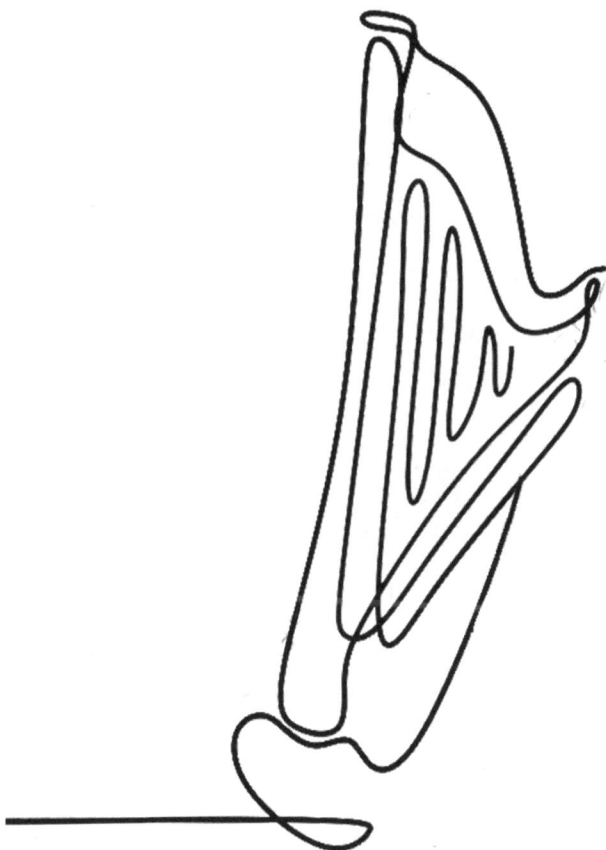

Un arpa a la espera
de un mundo mejor

Un adulto superdotado
de 31 años que se ha buscado
la vida.

CI 149,5 y PAS, ingeniero
informático y multimedia,
capitán de barco y piloto,
entre otras muchas cosas.

«Tengo una mente que me controla,
mi escape es el deporte, me relaja.

Mi mente es otra persona,
me gustaría llegar a controlarla».

Me gustan los retos difíciles. El violín, la viola y el violonchelo me gustan, cualquier instrumento de cuerda excepto el contrabajo, que no me gusta. Necesitas un año para aprender a tocar el violín, *es un reto difícil*, pero, cuando lo consigues, suena muy bien. El arpa tiene 40 cuerdas, es preciosa. Soy *muy ordenado, dicen que excesivamente. No soporto las injusticias*, me cabreo mucho. Si se meten conmigo, respondo, he aprendido a hacerlo. *De pequeño me aburría* el inglés, pero *aprendí solo* por el tema de la informática y a raíz de capitanía, porque le veía la necesidad; aprendí ruso solo y llegué a tener un nivel mayor que en inglés; sé algo de chino. Me gustan muchos grupos de música, pero solo una pieza de cada uno. *Aprendí solo a tocar el piano* con la mano derecha, aunque con la mano derecha no tengo tanta habilidad excepto en la aviación; mi padre lo hace con el piano y con la guitarra. La pronunciación es lo que mejor se me da. *Profesionalmente me ha ido regular.* En cuanto a parejas, ahora estoy muy bien, estoy con una persona que me quiere como soy y se interesa por cómo me siento, me apoya, pero *antes tuve algunas malas experiencias, personas que se me enganchaban y chupaban, que me culpabilizaban si algo les salía mal, no me dejaban respirar.* Con relación a mi familia he cerrado los ojos, yo no quería ver nada, me resguardé en mí mismo, pues es duro que tu familia no te apoye, no quise dar importancia a muchas situaciones, me decía que ya *estaba yo mismo para apoyarme.* Mis padres podrían haber hecho mucho más, luego he intentado hablar con ellos muchas veces, pero para ellos todo eran tonterías. Para liberar mi mente hago mucho deporte; si no, exploto. Cada día voy al gimnasio; además de ir a la montaña, practico pala y fútbol. Si no, no estoy bien conmigo mismo ni con mi pareja. Así llego a casa tranquilo, estoy cansado, la mente se me duerme. No pienso en nada cuando estoy relajado, y lo necesito. *Mi mente va a muchas revoluciones,* cuesta controlarla. Ahora mismo estoy analizando muchas cosas a la vez.

Mi familia ha cerrado siempre los ojos a lo que había, lo he hecho yo solo. ¡Tonterías tuyas, ya se te pasará! Podrían haber hecho mucho más de lo que han hecho. *De pequeño era así, pero no era consciente como ahora. Sabía que tenía una mente diferente pero no lo entendía.* Para mi pareja ha de ser muy duro estar con una persona así. Con seis años ya conocía cualquier parte del mundo, leía muchos libros de geografía por mi cuenta. Mi madre tenía una bola del mundo y lo que hacía es ponérmela detrás y yo miraba la bola del mundo por un espejo. Yo solo la veía a través del espejo, mi madre ponía el dedo y yo sabía el país, la ciudad. *Con cinco años leía perfectamente.* Teníamos un libro con dibujos, los otros niños comenzaban a leer las palabras que había en el dibujo pa-ta-ta y yo leía perfectamente, de carrerilla. Siempre he sido el *rarito. El colegio era muy aburrido,* muchísimo, nunca me ha gustado. Quería ir porque me gustaba estar con mis amigos, pero tenía más conocimientos que los otros. *Estudiaba para aprobar, pero tenía bastantes suspensos;* las matemáticas, por ejemplo, me gustan, pero sacaba un cinco y ya estaba bien. Es como Einstein, él sacaba un dos o un tres. *No fui fracaso escolar, pero lo rozaba. Como no me gustaba nada, no me esforzaba.* Lo que más me gustaba era el patio y los bocadillos de chorizo que me hacía mi madre, pero levantarme pronto para ir y no aprender nada era muy pesado. *Era muy callado en clase.* El hecho de tener capacidad no significaba para mí estar por encima de ellos, de los profesores y de los compañeros, para mí el maestro o maestra era superior a mí, *no ponía en evidencia a nadie, ni se me ocurría. Si me preguntaban, tampoco decía nada.* Si me preguntan ahora lo digo, pero si no, ¿por qué tengo que enseñar mis cartas? No lo escondo, pero *no me gusta fardar* ni nada. Es un poco que *la gente no se lo cree,* explico todos los títulos que tengo y como que no se lo quieren creer, piensan que les tomo el pelo, por eso no quiero decir nada. Una persona joven con tantos títulos, piensan que es imposible.

En la ESO saqué un 6,5 de media, no me gustaba. Lo pasé mal, no porque fuera adelantado a los otros, sino porque *nada me llamaba la atención. Tenía buenas notas si quería.* Quería hacer informática, que era lo mío. Me apunté al ciclo medio, explotación de datos informáticos, pero mi familia insistía en que hiciera el bachillerato. Cuando fui a buscar el título de ESO, un profesor que para mí representó mucho porque nos explicaba cosas de aviación, física, tecnología y astronomía (era un físico muy interesante y para mí fue único, **fue mi guía**, eso fue lo único que me gustó desde preescolar), me convenció para hacer el bachillerato tecnológico y caí, pero resulta que *suspendí* matemáticas con un tres. Ese verano, cuando acabé primero, *caí en una depresión gordísima de toda la presión que me pusieron*, mi mente petó. Tomé Diazepan 10 mg durante año y medio, en segundo no podía ni hablar, iba drogado, me ponía tonto, no me enteraba de nada, como un zombi, ¿sabes cuando intentas salir de algo y de pronto notas como un edificio que se te cae encima? Era como un bucle. Iba a tratamiento con una psicóloga, pero no hacíamos nada. No me acuerdo de nada. Cada semana llorando, no quería salir de casa, no iba a clase, no podía estudiar, a los amigos les expliqué, pero no me entendían, y con mis padres era imposible, pues decían que ya se me pasaría, no podía hablar de nada con ellos, si tenía un problema me decían que eran tonterías. *Aprobé una de nueve*, electrotecnia con un cinco. Con mi abuela tampoco podía contar, me crio, pero era una persona que me decía a mis 10 años que no me querían, que era raro. Caí en picado, toqué fondo, pero recuperé matemáticas y acabé primero de bachillerato. Mis padres estaban muy enfadados conmigo porque no había llevado un buen curso. Esa presión fue horrible porque **lo que a mí me hubiera gustado es que me preguntaran cómo estaba, cómo me sentía**. Me negué a seguir con segundo de bachillerato y me iba a apuntar en el ciclo superior cuando mi padre me dijo que si aprobaba todo segundo me pagaba el carné de conducir, y como para mí era prioritario eso, accedí y me lo saqué. Y así conseguí mi objetivo, le enseñé a mi padre las notas, que fueron de excelente, y bajamos a apuntarme para sacarme el carné de conducir. Para mí eso ahora es lamentable. Lo pienso hoy; con 17 años fui un niñato que no veía realmente lo que era importante. Ahora, cuando va pasando el tiempo, me doy cuenta de esas tonterías. Si no hubiera tenido la motivación del carné de conducir, no habría acabado el bachillerato.

Pero eso sí, finalmente me fui al ciclo superior de informática, no veía para nada hacer un grado universitario, en aquel momento era licenciatura. Me matriculé por tercera vez y por fin lo hice en un centro de mi ciudad, desarrollo de aplicaciones informáticas, y el primer trimestre de nueve para arriba. Esa fue la nota más baja, datos, porque no me interesaba. Luego hice un segundo ciclo, administración de sistemas informáticos. Y me puse a trabajar en un hospital, en administración informática. Pero, claro, ahí me puse a pensar: ¿sabes lo que es tener una familia con unas cuantas carreras, máster y demás? Así es mi familia. Eso me empujó, ese pensamiento fue principalmente lo que me llevó a meterme en ingeniería informática. Hice la diplomatura y pasé al grado, me lo saqué muy bien, y ahora estoy acabando la segunda carrera. Pero no solicité el título porque al hacer una segunda carrera te descuentan un 25% y eso me conviene. Pero *me doy cuenta de que la carrera no sirve para nada, no tiene que ver con la realidad de lo que se hace en las empresas.* Al mismo tiempo estudié náutica, mientras hacía la primera carrera, hasta llegar a ser capitán, me lo saqué todo. Cuando acabé capitanía hice aviación comercial, llegué hasta primer oficial, ahora me queda solo comandante, no lo he hecho todavía por el dinero, cuesta mucho dinero. No tengo prisa, pero lo acabaré haciendo, aunque me cuesta más estudiar, la fuerza de la mente se me escapa si no lo hago, me gusta estudiar, pero ahora tengo trabajo, hay otras preocupaciones. Tengo habilitación para un 737, estuve casi un año, es complicado, pero lo saqué. *Me gustan los retos, siempre me han gustado.*

Ser así es una suerte, pero también una desgracia. Lo he vivido muchas veces como algo muy negativo que me ha llevado a muchas cosas. Al ir a otro nivel, a otro ritmo, *me ha facilitado mucho pero también me ha perjudicado mucho.* Por ejemplo, llegar a un examen que había estudiado mucho y quedarme en blanco ante la hoja, ni poner el nombre. En la universidad, en los exámenes, tener malas jugadas por los nervios, y sacar un siete cuando perfectamente habría sacado un 10. Eso de pequeño no me pasaba, no me preocupaba, no tenía nervios. Mi mente es otra persona, *va a una velocidad increíble,* me gustaría controlarla, últimamente me ha fallado por los nervios.

En las escuelas a las que fui, los profesores estaban allí y si quería aprender me daban más. No me hicieron ninguna adaptación, no sabían nada, tenía el diagnóstico del CI de una psicóloga, 149, pero no me hicieron más pruebas, *no intentaron estimular nada*. Todo lo que tengo es propio, lo he hecho porque quería; la náutica me la busqué yo, mis padres se opusieron, pero lo hice por cabezonería, me pagaron el primer curso y el resto me lo costeé haciendo a cambio la página web a la escuela y pagando solo las tasas. Y con lo de aviación lo mismo, *por pesado lo conseguí*. Se opusieron, pero luego van fardando de que mi hijo tiene esto y lo otro. Sí, tengo mucha rabia aún, me duele y me lo tengo que trabajar. También la relación con mi hermano, soy el pequeño, y a él todo lo que ha querido se lo han dado sin problema. A mí me ponían muchos obstáculos. Cuando tuve la depresión, ni se preocuparon por eso; como he dicho, he sido siempre rarito, pero llegaban a decir que era la oveja negra de la familia. No me contaban nada de mí; cuando estaba en la barriga de mi madre vieron algo raro en mí, le dijeron a mi madre que o nacía muerto o había altas posibilidades de que naciera con síndrome de Down. Antes de nacer, mi padre tiró la toalla conmigo y aún no la ha vuelto a coger. Mi madre aún ha luchado algo por mí, hasta que tuve la depresión. Al nacer se cortó el riego sanguíneo y no recibí casi oxígeno y el médico dijo que *nacería tonto*. Al quedarse el cerebro sin oxígeno, claro, empiezan a fallar las funciones vitales. ¿Qué pasó? Estuve en la incubadora dos semanas, sin oxígeno, nací tres semanas antes, con menos de 2 kg, más pequeño. Ahora mido más de 1,70. Mis padres se asustaron y pensaron que sería siempre tonto, hicieron lo posible para que fuera una persona normal pero no lo soy, ese es el problema. A nivel físico, *oigo y veo mucho mejor que otros, me dijeron que soy PAS* (persona de alta sensibilidad). *Escucho más allá, pero si no me interesa cierro*. En el examen de aviación saqué puntuaciones muy altas. Soy muy ágil. Y a nivel mental, pues también soy diferente, puedo estar viendo la televisión y estar midiendo ese armario mentalmente. Hago muchas cosas a la vez, y eso me agota. De pequeño era así, pero al no ser consciente no me cansaba. Ahora me cuestiono cosas. Claro, ahora pienso que con seis años sabía más geografía que el profesor, yo no entendía nada, veía que los otros no eran así, pero para mí era normal eso. Cuando fui más mayor, *me asustaba un poco todo eso, me sentía un robot en la edad de la adolescencia*, pero sabía que era una cualidad que tenía y no pensaba por qué era así, lo veía normal, pero era algo extraño para los otros. *Memorizaba enseguida, retengo fácilmente cualquier información*. Pero *lo que no me sirve lo desecho*. Aunque lo veo como una capacidad que mucha gente lo puede hacer, ¿por qué no? Ahora, la rabia que siento es al ver que esas cosas me resultan muy fáciles, pero cosas sin importancia aparente para la mayoría a mí me preocupan, las pongo delante de mis ojos, mi mente se focaliza en eso y no veo nada más. Esa rabia contenida en mi adolescencia me llevó por caminos que ahora los veo y no me siento orgulloso. Con 15 años éramos unos gamberros, robábamos coches, motos (que estaban abandonados, ¿eh?). Con 11 aprendí a conducir, me enseñó mi primo de 12. Me junté con una gente que no es conveniente, ahora ya no sé nada de ellos. ¿Por qué nunca nos pilló la policía? Porque yo lo organizaba todo. Por ejemplo, si acababa de pasar un coche de policía, va a tardar x minutos en pasar otro; por qué este descampado, pues porque por allí no puede salir, nosotros somos niños y corremos más... Analizaba el suelo, la zona de salidas y entradas; una vez casi nos pillan, pero sobre el terreno lo reorganicé todo y acabamos en el Buen Pastor, imposible que nos encontraran. Dije: nos tenemos que quedar aquí hasta las ocho porque es cuando hay cambio de turno. Eso no es normal, tenía 15 años. Ahora lo pienso y digo: no lo entiendo, cómo pude llegar a pensar eso y así. Lo sabía todo, incluso lo que iban a hacer los policías, llevaba pañuelos para limpiar las huellas.

Leer no me gusta demasiado, me gusta la saga de *El Señor de los Anillos*, pero antes he visto las pelis. Tolkien me gusta, pero es muy pesado, me lo pongo como un reto, me gusta llegar al final, *no me gusta el proceso, sí el resultado*. Los videojuegos me gustan *siempre que sean de estrategia*, no el resto. En los noventa era algo que no existía aún, el sistema operativo con interfaz gráfica, era todo pantalla negra y yo ya me conocía los comandos, con seis o siete años sabía cómo instalar un juego, cómo hacer un exe, hacer un montón de cosas. El primer juego al que jugué en 3D (no de meter disquete) era Faraón, construir Egipto, era complicado. Luego Los Sims. Ahora juego a juegos de matar por no pensar (y despejar la mente), me muevo por escenarios. Me encantaba jugar con Lego, Playmobil, Micromachines. Estaba horas. Me gustaba ir de vacaciones y viajar. De pequeño era serio pero feliz, a pesar de la relación con mis padres.

Me gustaría encontrar a ese profesor, a Ramón, y darle las gracias por todo lo que me enseñó. Tanto la aviación como la astronomía es lo que más me gusta y ha sido gracias a él. Lo he buscado, pero no lo he encontrado, se fue a vivir a Nueva York porque le dieron una buena plaza en una universidad, yo tenía 16 años y no supe nada más. A día de hoy, estoy como informático *autónomo* y puedo hacer cualquier cosa; a nivel de lenguajes, conozco casi todos, pero, como hice los dos ciclos, puedo además arreglar lo que sea, y diseño. Estuve dos años en una empresa. El problema es que buscan un perfil, pero, como sabes hacer el resto, acabas haciendo el trabajo de cinco o seis perfiles. No se paga demasiado bien y pierdes tiempo en los traslados. Ahora no quiero estar asalariado, tengo unos cuantos clientes, no me va mal.

Para comprender más...

Tener retos, ser excesivamente ordenado, no soportar las injusticias, aburrirse en la escuela, aprender solo, memorizar y retener cualquier información, ser pesado —que se puede traducir en constante con aquello que interesa—, ser independiente, sentir que estás solo para seguir adelante, saber que la mente va a muchas revoluciones, leer a temprana edad, sentirse y saberse rarito, estudiar para aprobar, tener suspensos e ir de un sitio a otro, no esforzarse si no interesa, ser un fracaso escolar o casi, ir al resultado sin pasar por el proceso, ser muy callado en clase y no decir nada si te preguntan, no llamarte la atención nada en la edad escolar, tener esa sensación de bucle, ser persistente en lo que interesa, vivirse de forma negativa a pesar de saber el diagnóstico, sentirse robot, asustarse por lo que te pasa, tener malas experiencias a nivel de amistades o de relaciones de pareja con personas que chupan, se enganchan, culpabilizan cuando algo sale mal, ahogan... Estas son **características comunes** en las personas con altas capacidades, aunque no siempre coinciden todas ellas; por supuesto, debemos pensar que cada persona es diferente y no siempre coexisten esas similitudes. Esa velocidad en aprender, memorizar, desechar lo que no sirve, discernir, observar, saber lo que otros piensan o sienten... no es lo habitual para toda la población, pero a las personas con altas capacidades les parece normal. Ahí se producen muchas veces conflictos, **desajustes**, al ver que los demás no son capaces de hacer o pensar algo al mismo ritmo que ellos. Tienen grandes capacidades que no las ven como tales; las viven como algo corriente. Los demás no lo entienden, de modo que existe una **falta de comprensión** hacia esos dones que los hace diferentes y que mu-

chas veces se interpretan de forma peyorativa como prepotencia, cuestionadores que quieren dar lecciones, soberbios que ya están con sus historias; incluso los desprecian, los ignoran, los rechazan.

Tanto las características propias de la persona con altas capacidades como la falta de comprensión del propio entorno implican ciertas dificultades que hacen sentir ese **sufrimiento que se experimenta de adulto**. Es como ir deambulando por un espacio diferente a un ritmo diferente, sin entender nada, sin saber qué les pasa, sin comprender ni ser consciente de lo que ocurre. Visionar *Lunar Palace* me lleva a esta apreciación. Es esa forma «especial» y «rara» de estar en este planeta, sintiéndose en otra órbita, que puede acarrearte tantas dificultades y tanto sufrimiento. *De pequeño no era consciente como ahora. Sabía que tenía una mente diferente, pero no lo entendía. Cuando fui más mayor, me asustaba un poco todo eso, me sentía un robot en la edad de la adolescencia. Ser así es una suerte, pero también una desgracia. Lo he vivido muchas veces como algo muy negativo que me ha llevado a muchas cosas.* Ese paso a adulto, si no se ha trabajado durante la infancia y la adolescencia, si no se ha apoyado, si no se ha explicado, puede ser muy complicado. Un adulto con altas capacidades experimenta una desolación interior muy intensa, una desazón punzante. No comprender por qué se siente así, ni el origen de su aflicción, puede terminar llevándole por caminos destructivos. Esa búsqueda constante, el perfeccionismo, el idealismo, la necesidad de aprobación, la lealtad, el compromiso, la justicia, la impaciencia, la intensidad de sentimientos y de pensamiento, la hipersensibilidad, la capacidad de analizar y profundizar sin parar que puede complicar la existencia y comprometer la relación con los demás, la autocrítica, el juzgarse y juzgar, la tendencia a la discusión que no agrada a los demás, la falta de apoyo y comprensión del entorno, la impaciencia hacia uno mismo y hacia las otras personas, los miedos, la soledad, la desolación, las cuestiones existenciales y la elaboración de la muerte y de ese posible duelo temprano por no haber hecho algo... Son aspectos que iré desgranando a lo largo de los siguientes capítulos y que esbozo ahora mientras escucho *Gracias a la vida*, de la chilena Violeta Parra, en una versión con arpa.

Profesionalmente me ha ido regular. ¿Qué ocurre con las personas adultas de altas capacidades con **el tema profesional**? ¿Siempre tienen éxito? ¿Sobresalen en su profesión o en sus profesiones? Evidentemente, todo dependerá tanto del entorno como del acompañamiento y de los mensajes recibidos (si es gandul, holgazán, inmaduro, inconstante, indeciso, o no es capaz de aguantar mucho tiempo en el mismo sitio), pero también de la autoconfianza y de las oportunidades de éxito que se hayan tenido. A veces, la vocación se revela como una llamada, si se trata de actividades artísticas, científicas o tecnológicas, de matemáticas o salud. Pero no siempre ocurre así. Muchas veces se produce una peregrinación por diferentes tipos de trabajo, a veces muy dispares, hasta dedicarse a algo donde se encuentre reconocido por sí mismo —o no—. En ocasiones, se busca esa satisfacción fuera del ámbito profesional. Lo que sí es habitual es «echarse la culpa» por no saber lo que se quiere, por tener el deber de escoger una cosa u otra, cuando en realidad hay tantas interesantes. Tener retos, proyectos, curiosidad, descubrir y saciar la sed de aprender, preferir el escaso confort de la aventura, los riesgos, la independencia... Todo ello suele atraer profesionalmente a las personas con altas capacidades. Es constante el autorreproche, echarse la culpa por ir sin rumbo; vuelve a resurgir a lo largo de la vida profesional. Esos riesgos y esos reproches son un alto precio que pagan muchas personas con altas capacidades, con el consecuente aislamiento, pues no suelen buscar a quién quejarse, no son así; aunque muchas veces se les tache de ello, no son victimistas. Por supuesto, siempre hay quien sí lo es, pero estaría en el otro extremo de la curva. Cualquier trabajo suele realizarse con rapidez y ejecutarse sin problema, pero, si las tareas son muy repetitivas, se cae en el aburrimiento, en lugar de pensar que es fácil y que no requiere un gran esfuerzo. Pero eso aburre, y además no tiene sentido. Así, puede darse una **procrastinación** por el hastío en sí. Por otra parte, tantos intereses llevan a veces a no concretar, a quedarse en el mundo de las ideas, a trazar los planes pero no ejecutarlos, no llevarlos al terreno real. Cuando se acerca ese momento, el sentimiento de pánico puede paralizar la propia ejecución y vuelven a procrastinar, o ponen la atención en otra cosa, o se hunden, pues cuesta organizar y organizarse. Una técnica muy efectiva para superarlo es anotar todas las ideas, como si de un escritor se tratase. En notas adhesivas de colores agrupadas por temas, en una libreta o mediante una escaleta (estrategia que ayuda a organizar las escenas de una historia), planificando los detalles de cada idea, proyecto o interés que surja. Es una herramienta muy efectiva que yo utilizo en muchos ámbitos de mi vida.

Tampoco hay que olvidar esa voz interior que murmura, obstinada y repetitivamente, que hay que hacer algo más. Puede resultar muy perturbadora. Prestar atención a ese murmullo y tenerlo en cuenta implica una gran determinación por parte de la persona talentosa. Fiarse de la **intuición** debería constituir una regla de oro, a fin de evitar reprocharse posteriormente no haber querido escuchar a esa voz que tenía razón y a la que uno raramente presta atención, pues no parece prudente atenderla ni comprenderla. Más tarde, esta constante investigación comienza a formar parte de la personalidad de los individuos dotados, haciéndolos más sabios (Adda, 2015: 56).[1] La persona de alta capacidad es una constante e incansable **buscadora**.

Como manifiesta arpa, su gran sensibilidad ha comportado consecuencias en su vida. Oído fino, percepción de sensaciones, olores e intenciones en los demás... El término **PAS (persona de alta sensibilidad)** lo introdujo en la década de 1990 la doctora Elaine Aron, refiriéndose a las personas que tienen un sistema neurosensorial y perceptivo más desarrollado que el resto: su sistema nervioso reacciona más rápidamente ante cualquier estímulo externo, está más alerta y recibe más información sensorial simultánea, lo cual deriva a veces en saturación sensorial y en estrés. Ser PAS es, por tanto, tener un sistema nervioso hipersensible. No es ningún trastorno, sino una tendencia de carácter, un rasgo que muchas personas tienen sin saberlo. Se trata de personas muy intuitivas, algo susceptibles, a veces vulnerables y con una gran

---

1. Adda, A. y Brunel, T. (2015), *Adultes sensibles et doués. Trouver sa place au travail et s'épanouir*, Odile Jacob, París.

empatía. Son capaces de percibir matices, de descifrar los sentimientos de los otros, de llorar. Les gusta profundizar, conectan con sus emociones fácilmente, no toleran los ruidos altos, desgranan las informaciones de una manera minuciosa, se fijan en los pequeños detalles, no
entienden la superficialidad y se sienten algo diferentes. A veces cuesta entenderlas, e incluso las personas que conviven con ellas se sienten juzgadas al escuchar su opinión sobre ciertas situaciones. La alta
sensibilidad se manifiesta tanto a nivel físico (ruidos, olores, luces, etiquetas que molestan en la piel...) como emocional (empatía, suscepti-
bilidad...). Canalizar esta manera de ser de forma adecuada puede resultar muy positivo, pero, en nuestra sociedad, ser sensible no es visto
como una cualidad, sino todo lo contrario. A veces, las personas altamente sensibles van creando, como medida de protección, capas, corazas y mecanismos de defensa, necesarios para sobrevivir. Conocerse
a sí mismo resulta imprescindible para comprenderse, para no saturar-
se y colapsarse.

¿Qué hacer?

La importancia de un parenting positivo y del apoyo del entorno. Es fundamental ofrecer este acompañamiento a las personas con altas capacidades en los dos contextos por excelencia donde viven y se desarrollan desde pequeñas: la familia y el centro educativo. En este caso, apreciamos el escaso apoyo recibido, donde «los adultos de referencia (padres, tutores educativos) ofrecen un modelo afectivo de apego seguro, estimulando el desarrollo de una capacidad cognitiva basado en el pensamiento crítico y reflexivo, modelando sus conductas para que sean sujetos sociales altruistas y operen en el afecto [...], en la comunicación, estando siempre presentes definiendo las relaciones como de reciprocidad jerarquizada, en las exigencias de madurez [...], en el control, el cual debe tener lugar a través de comportamientos y discursos que de una forma inductiva permiten la integración de las normas y reglas necesarias para la convivencia» (Secanilla, 2019: 30-31).[2]

La importancia de un buen mentor es una pieza clave para niñ@s y adult@s con altas capacidades. En este caso, gracias a ese mentor, arpa reforzó sus intereses, creyó en sus posibilidades y, lo más importante, se sintió apoyado y querido, válido, útil y con alguna virtud. Ese mentor se define bien en forma de tutor de resiliencia o reuniendo una serie de competencias propias de un mentor psicoeducativo[3] en un proceso de *mentoring*. Es una figura que también adopta un papel fundamental en el ámbito universitario.

El **agotamiento** y la saturación que muestra nuestra arpa en algunos momentos suele ser habitual en personas adultas con altas capa-

---

2. Secanilla, E. (2019), *Supermentes. Reconocer las altas capacidades en la infancia*, Gedisa, Barcelona.

3. Véase http://www.menudotalento.com/metodomt/acompanamiento/.

cidades, producidos por esa intensidad característica, al desequilibrar-se la balanza entre los deseos y los comportamientos en el trabajo. Mark Schoen (2013)[4] sugiere poner en práctica ciertas acciones para irse adaptando a la vida cotidiana poco a poco y en momentos concretos:

♪ Hacer pausas sin tecnología.

♪ Valorar y tolerar la imperfección.

♪ Limitar las interrupciones sensoriales. Evitar picar (comida) entre horas.

♪ Relajarse en el momento de ir a dormir.

♪ Ralentizar, ir más despacio, o por lo menos intentarlo.

♪ Intentar procrastinar menos.

♪ Intentar dejar de querer hacer todo, priorizar tareas.

♪ Aceptar la incertidumbre, pues es inevitable.

♪ Deshacerse de la rabia.

♪ Organizar los tiempos de dedicación al trabajo e intentar que este sea regular en *tempos*.

♪ Expandir la zona de confort incorporando otras opciones.

♪ Respirar y sincronizarse con nuestro equilibrio interior.

♪ Posponer nuestra necesidad de ser recompensados.

♪ Practicar no hacer nada «útil».

♪ Hacer deporte para canalizar la agitación, mejor al aire libre.

Aunque no todas las personas con altas capacidades son PAS ni todas las personas PAS tienen altas capacidades, sí es cierto que muchas veces coinciden. En el capítulo correspondiente al Diamante 10 abordaré un tema relacionado con este: las sobreexcitabilidades de Dabrowski.

Es importante que **se conozcan y se aborden** las necesidades de las personas altamente sensibles, tanto en las escuelas como en los centros de atención primaria y en las empresas. En las personas PAS, muchas veces se produce **sobreactivación** del cerebro, que las hace sen-

---

4. Schoen, M. (2013), *Your survival instinct is killing you. Retrain your brain to conquer fear and build resilience*, Penguin Group, Nueva York.

tirse irritadas y susceptibles, lo que se refleja en ciertas sensaciones desagradables, como sudor, tembleque, respiración acelerada o trabarse la lengua. Es habitual quedarse bloqueado y confuso. El hecho de encontrarse en lugares con mucha gente también puede provocar una sobreactivación, debida a la sobrecarga de información que flota en el ambiente. En esos momentos, es importante **ser consciente del hecho, pararse y tomar distancia**. Las personas con alta sensibilidad, para no colapsarse, deben practicar algún tipo de deporte (natación, etcétera), bailar o hacer baños de bosque,[5] actividad que las mantendrá en contacto con la naturaleza. La música también ayuda a conectar con uno mismo. Todo ello pasa por responsabilizarse de los propios pensamientos, los actos y sus consecuencias. Pero, más allá de eso, es necesario cuidarse y respetarse. Por eso es tan importante el **trabajo interior**, para conectar con uno mismo y conocerse. Realizar ese trabajo interior pasa también por ser capaces de **poner límites**, tanto a uno mismo como a los demás. Se trata en ocasiones de **saber decir no** a tiempo sin sentirse culpable por ello. Para tratar de conseguirlo, la CNV (comunicación no violenta) se convierte en una posible estrategia.

Otra característica de las PAS es el hecho de que a veces, según como se digan e interpreten sus mensajes, las personas que conviven con ellas pueden sentirse juzgadas. ¡Qué importante es el lenguaje y, todavía más, **cómo se usa ese lenguaje!** Ciertamente, estos mensajes van «cargados» del malestar que siente la persona altamente sensible, dirigiéndose a los otros de forma crítica, directa, punzante, aunque sin darse cuenta la mayoría de las veces. Comunicar y comunicarse: esa es la cuestión. En este sentido, Marshall B. Rosenberg[6] nos propone utilizar la CNV. Su método se basa en el hecho de ex-

---

5. Shinrin yoku o baño de bosque es una práctica milenaria que consiste en caminar sin prisa por el bosque. Fue promovida por el Ministerio de Agricultura japonés en 1982, con la finalidad de paliar el estrés de las personas que viven en las grandes urbes. Aporta grandes beneficios, como mejorar el estado anímico, la creatividad, la atención y el descanso, y reforzar el sistema inmunitario, entre otros. Véase https://www.ncbi.nlm.nih.gov/pmc/articles/PMC2793346/.
6. Rosenberg, M. (2016), *Comunicación no violenta. Un lenguaje de vida*, Acanto, Barcelona.

presar sin juicios y de forma clara lo que se desea y se necesita, las propias emociones, responsabilizándose de lo que se dice, sin desconectar de uno mismo, desde la observación y no desde la evaluación, para que los otros no se sientan juzgados, atacados, heridos. Para Rosenberg, usar la CNV es escuchar nuestras necesidades más profundas y las de los demás, a fin de percibir las relaciones bajo una nueva luz y comunicarnos de una manera que nos lleve a dar desde el corazón. Se trata de ser conscientes de cómo utilizamos el lenguaje, expresando claramente **cómo estoy yo**, sin culpar ni criticar, y recibiendo empáticamente **cómo estás tú**, sin escuchar culpa o crítica. Rosenberg (2016: 263) propone cuatro componentes del modelo bidireccional de la CNV, que pueden ser emitidos o recibidos por los demás y que están basados en observaciones, sentimientos, necesidades y peticiones:

♪ Las acciones concretas que *observamos*, que afectan a nuestro bienestar.
   – Lo que yo observo (veo, oigo, recuerdo, imagino, libre de mis evaluaciones) que contribuye a mi bienestar: «Cuando yo veo, oigo...».
   – Lo que tú observas (ves, oyes, recuerdas, imaginas, libre de tus evaluaciones) que contribuye o no contribuye a tu bienestar: «Cuando tú ves, oyes...».
♪ Cómo nos *sentimos* con relación a lo que observamos.
   – Cómo me siento yo (emoción o sensación en lugar de pensamiento) en relación con lo que observo: «Me siento...».
   – Cómo te sientes tú (emoción o sensación en lugar de pensamiento) en relación con lo que observas: «Te sientes...».
♪ Las *necesidades*, valores, deseos, etcétera, que crean nuestros sentimientos.
   – Lo que yo necesito o valoro (en lugar de una preferencia o una acción específica) y que es la causa de mis sentimientos: «... porque yo necesito/valoro...». Pido con claridad aquello que enriquecería **mi** vida, sin exigir.
   – Lo que tú necesitas o valoras (en lugar de una preferencia o una acción específica) y que es la causa de tus sentimientos:

«... porque tú necesitas/valoras...». Recibo con empatía aquello que enriquecería **tu** vida sin escuchar exigencias.

♪ Las acciones concretas que *pedimos* con el fin de enriquecer nuestras vidas.

- Las acciones concretas que a mí me gustaría que se emprendieran: «¿Estarías dispuesto a...?».
- Las acciones concretas que a ti te gustaría que se emprendieran: «¿Te gustaría...?».

En la web de la doctora Aron[7] se encuentran los indicadores del test para saber si eres una persona PAS y así salir de dudas. Asimismo hay un apartado con los indicadores del test para los niños.[8] En la página web de algunas asociaciones para personas PAS también se reproduce el test.[9] No obstante, hay que tener en cuenta que el test no sirve para hacer un diagnóstico. No se trata de poner etiquetas, sino simplemente de que cada uno resuene con esas características y actúe en consecuencia de acuerdo con el resultado. Si se sabe que se es PAS, se pueden tomar medidas y adaptar el estilo de vida para aprovechar mejor las ventajas y protegerse ante las molestias que se pueden presentar en el día a día si no se tiene en cuenta la sensibilidad.[10] Se trata de un trabajo que abarca todo el ciclo vital, aunque sí, es un don, según expone Elaine Aron.[11]

Tener en cuenta lo comentado quizá ayude un poco más a sobrellevar ese don.

Y con el *Claro de luna* de Debussy, pieza compuesta para piano que escucho a través de la maravillosa arpa de Baltazar Juárez, te invito a seguir con la siguiente voz.

---

7. Véase http://hsperson.com/test/.

8. Véase http://hsperson.com/test/highly-sensitive-child-test/.

9. Por ejemplo, en Palma, asociación APASE: https://www.asociacionpas.org, o https://pasespana.com/test-personas-altamente-sensibles/.

10. Zegers, K. (2016), *Personas altamente sensibles*, La Esfera de los Libros, Madrid.

11. Aron, E. (2006), *El don de la sensibilidad. Las personas altamente sensibles*, Obelisco, Barcelona.

Diamante 2

Un concierto de piano para Spero

Una gran mujer diagnosticada de altas capacidades ya de adulta: 48 años.

«Siempre me sentí rarita. Me fui construyendo un mundo interior, un cobijo donde ser yo misma.

Hacerme las pruebas me ha ayudado a entenderme... Las piezas del puzle encajaban al fin».

> Si alguien ama a una flor de la que solo existe
> un ejemplar en millones y millones de estrellas,
> basta que la mire para ser dichoso. [...] la flor
> no acababa de preparar su belleza al abrigo
> de su envoltura verde. Elegía con cuidado
> sus colores, se vestía lentamente y se ajustaba
> uno a uno sus pétalos. No quería salir ya ajada
> como las amapolas, quería aparecer en todo
> el esplendor de su belleza.
> ANTOINE DE SAINT-EXUPÉRY, *El principito*

Nací en Barcelona y soy la mayor de dos hermanos. Mi familia era una familia trabajadora normal. Mi madre dice que con seis meses hablaba y con nueve ya caminaba. Fui a un colegio concertado, cerca de casa. Me gustaba ir a clase; sobre todo me gustaba empezar el curso en septiembre, después del verano. Preparar el material, el estuche, comprar los libros del curso. *Me encanta el olor de los libros nuevos, pasar páginas, escucharlos, olerlos, saborearlos.* Sacaba buenas notas, una media de notable, pero no tengo la sensación de haber destacado especialmente. Los profesores se quejaban de que hablaba mucho en clase y que no me esforzaba todo lo que podía: seguramente tenían razón. Era, y soy, más bien *tímida*, aunque siempre he tenido bastantes amigos y *no tenía problemas para relacionarme con los demás. Me siento mejor en grupos pequeños, con gente con la que tengo confianza.* Me considero *intimista* más que de grandes grupos. Quizá por eso *intentaba pasar desapercibida.* La relación con mis padres era normal, aunque nunca ha sido muy afectuosa. No me interpretes mal, yo sé que me querían mucho, pero no eran muy de demostrarlo. Los sentimientos se escondían. Expresar emociones, lo que sentías, no era algo habitual. Y yo..., bueno, mi madre dice que nunca fui muy cariñosa, era muy *independiente.* La cuestión es que mi hermano desarrolló una diabetes con cinco años. Se tenía que poner insulina y mis padres lo llevaron bastante mal. Mi madre se volcó mucho con él, al igual que mi abuela, lo cual era algo normal, y yo, como aparentemente no necesitaba mucha atención, iba por libre. Pero, claro, necesitaba afecto, que alguien me dijera que estaba ahí, que existía. Me sentí un poco *abandonada*, y si alguna vez se me ocurría decirlo en voz alta, me acusaban de tener celos de mi hermano. Cosa absurda porque nunca he sentido celos de él; al contrario, le quería mucho e intentaba cuidarle. Así que nunca más dije nada, pero creo que me construí mi caparazón y me acostumbré a no necesitar a nadie. *Me escondí en mí misma*, en mi propia casa, como los caracoles cuando ven el peligro. *Mi refugio eran los libros.* Siempre me ha gustado mucho leer, cogía mi libro y ya podían caer chuzos de punta que yo no me enteraba de nada. Devoraba libros, y aún lo hago. Me fui construyendo un *mundo íntimo* muy particular, cargado de historias. Leía *Los Cinco*, de Enid Blyton. Me gustaba porque yo siempre intentaba averiguar el misterio antes de llegar al final, ahora me sigue pasando con la novela negra. De pequeña quería ser detective privado. Uno de los libros que me calaron más hondo fue *El principito*; aún hoy sigue siendo uno de mis libros favoritos. Me parecía que era un retrato de los adultos tal como yo lo hubiese hecho, me sentía totalmente identificada con esa visión del autor. ¡Básicamente no entendían nada de lo que era importante! ¡Espero no haberme convertido en uno de ellos! *La historia interminable* y *Momo*, de Michael Ende, me impactaron muchísimo. Momo y su lucha contra los hombres grises que nos roban el bien más preciado, el tiempo, algo inquietante al ser consciente de lo efímero de la vida.

Nosotros siempre jugábamos en casa, no nos gustaba salir a la calle. Nos gustaban los clicks de Famobil (ahora se llama Playmobil), el Monopoly y, con lo que mejor nos lo pasábamos, los juegos inventados. Recuerdo que cogíamos butacas de casa y las convertíamos en barcos pirata, con mis cuerdas de saltar a la comba, cada uno nos subíamos en una y buscábamos tesoros. ¡Es que entonces no había consolas de videojuegos! No recuerdo haber hecho muchas actividades extraescolares: gimnasia rítmica (típica del cole de monjas), kárate, y no recuerdo más. Creo que las escogí yo, pero no lo recuerdo muy bien. Me gustaba pintar, dibujar, escribir y, más adelante, la música y el cine. No puedo decir que fuese desgraciada, pero tampoco recuerdo haber sido una niña muy feliz. *Pensaba en cosas que creo que otros niños no pensaban*, y me sentía un poco *rarita*. *En el sentido de la vida, en la muerte*, en el miedo a envejecer... Dada la situación de que me sentía un poco ignorada, pensaba que no podía compartir esos pensamientos con nadie, porque también pensaba que no lo entenderían y que me dirían que *eran tonterías*. Los demás no me decían que fuese rarita, porque *ya procuraba yo no decir nada de lo que pensaba en voz alta*... Para todos era solo un poco *reservada, tímida, incluso retraída*.

En el colegio sí que me decían que era muy inteligente, pero sin más. *Nadie se preocupó de indagar mucho en el tema.* Piensa que hablamos de 1974, cuando empecé infantil (parvulario entonces). Recuerdo que con tres o cuatro años ya sabía leer y escribir. Tengo una anécdota: en educación infantil, teníamos carpetas de esas marrones con anillas, con nuestro nombre escrito en el lomo. No sé por qué, la profesora puso mis trabajos en la carpeta de otra niña y los suyos en mi carpeta. Cuando acabábamos un trabajo lo teníamos que poner en nuestra carpeta, yo me iba derechita a la que ponía mi nombre y la profesora siempre me decía que esa no era la mía. ¡Y yo me enfadaba mucho porque leía perfectamente mi nombre en la carpeta! Nunca comprendieron que supiera leer sola.

En el instituto la cosa se complicó. Como nunca me había matado mucho a estudiar porque me bastaba lo que oía en clase y los deberes de casa, no tenía hábitos buenos de estudio. Además, empezó a importarme más encajar con el grupo porque el cole al que iba era solo de chicas y el instituto era mixto. *Me sentía menos guay* que las chicas que ya habían ido con chicos en el colegio y dejé de lado los estudios para parecer más atrevida, no sé. *Las clases me aburrían. Repetí tercero de BUP dos veces*... Tuve que cambiar de instituto, faltaba a clase, me iba al bar con la pandilla menos recomendable...; en fin, perdí un poco el norte. Al mismo tiempo, salía con mis amigas los fines de semana, sin mezclarlas en este otro grupo con el que faltaba a clase. Seguía con mis libros, mi música..., pero eso era cosa mía, mi refugio. Los demás no sabían nada de aquello. Sobre todo, en esta etapa, a veces tenía pensamientos suicidas, aunque, gracias a Dios, nunca tuve el valor suficiente para llevarlos a cabo. Mis padres no notaron nada.

Afortunadamente, un buen día decidí que ya estaba bien de hacer el tonto y retomé las clases. Aprobé tercero por fin y COU a la primera con una media de notable. Hice selectividad en junio y la aprobé, aunque, con el expediente lamentable que tenía del bachillerato, me quedó una media de seis y pico. Así que no pude entrar en Periodismo, que era lo que quería hacer. En realidad, quería hacer Bellas Artes o Historia del Arte, pero mis padres me aconsejaron que hiciera algo «más productivo», por eso lo de Periodismo. Finalmente, entré en Gestión y Administración Pública, pero me aburrí soberanamente. Lo dejé y me pasé a Relaciones Públicas. Tuve que ponerme a trabajar para poder pagarme los estudios, ya que era una universidad privada y mis padres no la podían costear. Trabajé en una empresa de seguros, jornada partida, y al salir me iba a clase de las 7 a las 10 de la noche. Me fue bien y aprobé a la primera todos los cursos, pero con notas muy justas porque el tiempo no me daba para más, la verdad. Cuando tuve dinero para mí, estuve yendo a una psicóloga una temporada. No me sentía bien porque siempre me ha acompañado esa sensación de *soy rarita*, y mis pensamientos recurrentes sobre el *poco sentido que le encontraba a la vida*. Además, siempre necesitaba estar estudiando cosas, haciendo algo. Pensaba que tenía algún problema psicológico. No saqué nada en claro, me empeñaba en encontrar algún conflicto familiar, con mis padres, o yo qué sé. Y se suponía que, como intentaba conseguir la aprobación de mi padre, no paraba de estudiar cosas para satisfacerle. Como veía que no me ayudaba en nada, acabé diciéndole lo que pensaba que quería oír para que me dijese que ya no importaba que fuese más, y ya está. Lo intenté una vez más cuando ya estaba casada, y más de lo mismo.

Después de acabar la carrera continué mi vida laboral y, bueno, fui haciendo, pero me di cuenta de que nunca llegaría a ascender, *esperaba* que las personas que tenía por encima *valorasen mi trabajo* y, si estaba bien hecho, actuasen en consecuencia. Pero esto no es así. Lamentablemente, *el mundo laboral es como el resto de las cosas, injusto*. Acabé haciendo oposiciones, porque me pareció que era la única manera de tener un trabajo justo donde los méritos se valorasen de forma objetiva. Estuve varios años interina y ahora soy funcionaria de carrera, auxiliar administrativa, en una administración local.

Mientras trabajaba en distintos sitios hice un máster en Comercio Exterior y Finanzas Internacionales. Aproveché para obtener el título superior de inglés de la EOI y el A2 de francés. También tengo el C2 y el de lenguaje administrativo de catalán. Además, hice el grado elemental de piano, oficial, ¿eh?, porque era otra cosa que desde pequeña me había gustado mucho. *Me encanta la música.* Años más tarde, empecé la licenciatura en Humanidades, pero la dejé por falta de tiempo porque tuve a mi hijo. Ahora estoy estudiando el grado en Arte y voy a clases de pintura. Lo hago como *hobby*, no tengo expectativas profesionales, pero lo disfruto, *siempre me ha gustado aprender, conocer, estudiar.*

Gracias a mi hijo estoy haciendo esto contigo. En el cole pensaban que podía tener altas capacidades o déficit de atención (casi na), y le hicimos las pruebas de las dos cosas. *Mientras las hacía empecé a leer sobre el tema, y me vi tan identificada que me quedé sorprendida.* De repente todo tenía sentido, pero, por otro lado, me decía que eso era imposible, me habría dado cuenta. Alguien se habría dado cuenta. Las pruebas de mi hijo salieron negativas, tanto en altas capacidades como en déficit de atención, y me olvidé del tema. Pero un año después, recibí información del gabinete donde le hicieron las pruebas a mi hijo sobre unas jornadas de altas capacidades. Volví a pensar en el tema y al final, para salir un poco de dudas y no hacer mucho el ridículo, hice el test inicial de Mensa por internet. Salió que, efectivamente, podía tener altas capacidades y entonces sí que decidí hacer las pruebas en serio. La psicóloga que le hizo las pruebas a mi hijo me recomendó ir al Programa de Altas Capacidades y Superdotación de una universidad de mi lugar de residencia en una bonita isla. Al final me confirmaron que era superdotada. Las pruebas dieron un CI de 136, y el percentil era superior al 75% en todas las áreas.

Si te digo la verdad, iba convencida de que me iban a decir que no lo era. *Me puse a llorar cuando me lo dijeron. No me lo podía creer.* Las semanas siguientes fueron un poco *montaña rusa*, un momento *estaba contenta por haber descubierto mi «problema»,* y al otro estaba *enfadada por pensar cómo era posible que nadie se hubiese dado cuenta.*

Hacer las pruebas es una de las mejores cosas que he hecho. Me ha ayudado a entenderme, a saber por qué pienso como pienso, por qué siempre me sentía en otra onda distinta a los demás, por qué no encajaba, por qué siento las cosas de esa forma. En fin, me ha ayudado a reinterpretar mi vida desde otra perspectiva. **Las piezas del puzle encajaban al fin.**

Para comprender más...

Las piezas del puzle encajaban al fin. Como hemos visto en el capítulo anterior, los estudios y sus consecuencias en el trabajo, en los adultos superdotados o talentosos, constituyen muchas veces un declive progresivo, una necesidad de buscar posibilidades y hasta de probar áreas diferentes. Sin embargo, cuando el ser toma conciencia de sus necesidades y busca una explicación a sus maneras de hacer, las piezas del puzle encajan. **¿Diagnóstico o no en la edad adulta?** Para muchos adultos a los que no se ha diagnosticado con anterioridad, que viven como seres raritos, que buscan y no encuentran, que tienen determinados sentimientos y no saben por qué, ¡resulta tan importante, tan esclarecedor, encontrar respuestas! También es cierto que muchos otros adultos, cuando conocen las evidencias y toman conciencia de ello, ya no precisan ese diagnóstico. Hace pocos meses tuve la suerte de acompañar a un joven precisamente en este tránsito. Para él no era preciso el diagnóstico, pero sí reconocerse a sí mismo y descubrir qué características aportan las altas capacidades a su personalidad. Así comenzamos una bonita aventura en la que, a partir de situaciones de vida,[1] pudimos ir desgranando conjuntamente, de forma bidireccional, esas «características» propias, esa manera de funcionar. Por tanto, decidió que de momento no necesitaba el diagnóstico: quizá más adelante. Pero el hecho de poder tomar conciencia le ha corroborado lo que sos-

---

1. A través del *mentoring* psicoeducativo, método de acompañamiento terapéutico que creé, a mi modo, a partir de tantas líneas habidas y por haber; y que implica un compromiso y un guiaje específico en cualquier momento de la vida.

pechaba y le ha aportado elementos para comprenderse un poco mejor. Lo que no debería pasar es llegar a la edad adulta, haber pasado por tantos y tantos tropiezos a lo largo de la escolarización y que nadie se haya dado cuenta. Ni maestros o profesores, ni psicólogos, ni pedagogos, ni médicos, ni... En la infancia, en la adolescencia, en la juventud e incluso en la adultez. Lo hemos observado en este testimonio —y lo vas a seguir viendo en los siguientes—, que escribo acompañada del adagio del *Concierto para piano y orquesta en sol mayor*, de Ravel, con Martha Argerich al piano interpretando ese lento y bello movimiento.

Esa **sensación de montaña rusa**, tan conocida y ligada a las personas que tienen altas capacidades... Seguro que much@s os habéis montado en alguna montaña rusa, ¿verdad? Y conocéis esa sensación de vértigo que produce la velocidad ante subidas y bajadas incesantes, cada vez a más ritmo, más rápidas, esa adrenalina que se mueve por el cuerpo, esa emoción sin límites que da vértigo, miedo, deseo, pero al mismo tiempo no tiene posibilidad de parar, esas sacudidas que pueden hacer revivir o marear, según como se vivan, según como se sientan, según el momento que tenga cada uno. No es lo mismo vivir eso en la infancia que en la adolescencia o en la edad adulta. Pues esa sensación intensa y diferente que emociona de forma inusual es la que pueden llegar a experimentar las personas con altas capacidades ante cualquier circunstancia, en el trabajo, en la vida íntima, ante un proyecto, ante un reto, ante las propias ideas que surgen... Lo mismo ocurre con los sentimientos y las emociones. Miedo, vértigo, deseo, esperanza, posibilidad y... ansiedad, inquietud, aburrimiento, decepción, decaimiento, tristeza, desesperanza y hasta cierta depresión. Esa gran intensidad en cada extremo, a modo de campana de Gauss,[2] que puede desvanecerse, desfigurarse, en cualquier momento, pero que vuelve a surgir ante cualquier circunstancia. Vivir así no es fácil, pero, aun-

---

2. La curva de la campana de Friedrich Gauss se distribuye según el CI (coeficiente intelectual) de una persona, con un CI medio de 100.

que resulte molesta a veces, muchas personas con altas capacidades necesitan esa montaña rusa en la búsqueda del sentido de la vida.

Vayamos a otro asunto, y me gustaría referirme a él en términos de... ¿género? ¿Os parece bien? Veamos lo que explica Spero: «Los demás no me decían que fuese rarita, porque *ya procuraba yo no decir nada de lo que pensaba en voz alta*». ¿Qué pasa con las niñas, las adolescentes, las jóvenes..., **las mujeres con altas capacidades**?

Algunos autores —y en concreto autoras— han abordado el tema de las altas capacidades y el género. Leta Hollingworth[3] es una de las primeras que, al sufrir por su propio perfeccionismo, realiza estudios, a principios del siglo xx, sobre las mujeres superdotadas, así como sobre las emociones de las personas con altas capacidades. Annemarie Roeper publica en 2003 «The young gifted girl: A contemporary view»[4] (estudio que realizó hacia 1978), donde compara la mente de la mujer con la del hombre, haciendo referencia a la visión social que muchas familias tienen y a la falta de modelos de mujeres superdotadas. Peña (2000)[5] habla sobre cómo los estereotipos sociales no permiten el reconocimiento de los talentos en las mujeres. Silverman tiene interesantes publicaciones, en la misma línea, poniendo el énfasis en las diferencias existentes entre las capacidades excepcionales y el papel de la mujer.[6]

Muchas niñas superdotadas, con talento simple o complejo, no son diagnosticadas en edades tempranas. Muchas adolescentes tienden a «ocultar» sus talentos para no ser molestadas por el resto y/o para ser aceptadas por l@s iguales. Hay rechazo a lo que es diferente, miedo a ser objeto de burlas, pánico a ser tachadas de listillas o simplemente

---

3. Silverman, L. K. (1989), «The legacy of Leta Hollingworth», en *Gifted Child Quarterly*, vol. 33, n.º 2, pp. 123-124.

4. Roeper, A. (2003), «The young gifted girl: A contemporary view», en *Roeper Review*, vol. 25, n.º 4, pp. 151-153.

5. Peña, A. M. (2000), «La influencia socio-cultural en el reconocimiento y aceptación de las personas con alto potencial intelectual», en Ovejero, A. y otros (eds.), *Aplicaciones en psicología social*, Biblioteca Nueva, Madrid, pp. 317-323.

6. Silverman, L. K. (1986), «Parenting young gifted children», en *Journal of children in contemporary society*, vol. 18, números 3-4, pp. 73-87.

deseo de que las dejen tranquilas. Ya se ocupan ellas de que no se note. Además, hay que ocultar esas habilidades especiales —también sus talentos—, por si se convierten en «saco de». Unas priorizan tener «amigos» y otras prefieren no tenerlos: están más tranquilas sin tener que «aguantar» ciertas tonterías, como me decía hace poco una adolescente de 15 años. Pero en el fondo a muchas les encantaría formar parte del grupo, sentirse aceptadas tal como son, no ser las raritas, para bien o para mal, por éxitos o por fracasos aparentes. Hace unos meses, en una entrada en LinkedIn,[7] debatíamos precisamente el hecho de que las niñas están por «encontrar», pasan más desapercibidas, disimulan más y mejor, y muchas veces se esconden intentando no demostrar sus capacidades e incluso bajando su rendimiento académico. Tienen otra manera de afrontar los conflictos, pero además influye el rol que todavía concede la sociedad a la mujer, haciendo crecer la brecha de la desigualdad, la idea de ser más responsable, menos inquieta, y sobre todo la concepción de «no destacar». Por supuesto, también están las niñas —el otro extremo— que se ven impulsadas a destacar y pueden llegar a ser muy manipulativas en las relaciones, favorecidas por comportamientos que provienen de sus dificultades psicosocioemocionales.

Y cuando las mujeres son adultas, si no saben que tienen altas capacidades, pueden perder el rumbo, cambiando de trabajo constantemente, sin encontrar su espacio, sin ser reconocidas —esto pasa en demasiadas situaciones—, con ansiedad o con depresiones graves, acosadas, en situaciones de mobbing, e incluso conducidas a veces a relaciones tóxicas, como veremos más adelante en otro testimonio. Hace pocos días una mujer de 49 años, diagnosticada, me comentaba lo mal que lo había pasado años antes, sin comprender por qué no aguantaba en los diferentes trabajos que hacía, por qué la habían diagnosticado de depresión por causa inespecífica durante años, por qué había sufrido tanto al ser tachada de rarita, por qué se sentía inútil, sin validez, a pesar

7. Véase https://www.linkedin.com/in/esthersecanilla/detail/recent-activity/.

de sus títulos. Durante años se guardó sus cuestionamientos, lo que le produjo una angustia interior, un malestar inmenso, un extremado perfeccionismo que no le permitía llevar a cabo su trabajo, acarreándole muchos problemas de tipo socioemocional, hasta que, después de escuchar las experiencias de unos adolescentes, se le ocurrió hacer el diagnóstico —no sin reservas, pasó algún tiempo antes de decidirse, pues se sentía ridícula— y, claro, pasó unos días como una montaña rusa al saber el resultado. Comprendía por fin que las piezas del puzle encajaban.

Mientras me acompaña la *Danza n.º 6* de Frederic Mompou, esbozo la propuesta de Peña y Sordíaz (2002),[8] en la que se mencionan algunos factores que pueden causar repercusiones negativas en las chicas superdotadas, citando a diversos autores:

♪ **La falta de confianza en sí mismas:** tendencia a responsabilizarse de lo que perciben como una falta de oportunidad o un fracaso, mientras que los hombres suelen atribuir el éxito a su capacidad y el fracaso a factores externos o a la casualidad.

♪ **El miedo al éxito:** muchas mujeres brillantes tienen miedo a romper las normas sociales sobre los distintos estereotipos de género y a mostrar una conducta diferente a la esperada en función de las expectativas que hay para hombres y mujeres. Este miedo al éxito puede hacer decrecer la confianza en la propia capacidad.

♪ **El miedo al rechazo social:** para ser aceptadas por el entorno, algunas chicas permiten que los otros decidan sobre su destino en lugar de responder a sus propios deseos.

♪ **La baja autoestima:** atribuyen su éxito a factores distintos a sus propios esfuerzos y ven su imagen exterior de persona brillante como algo que no merecen. Y atribuyen el fracaso a factores internos y a falta de habilidades.

---

8. Peña, A. M. y Sordíaz, M. L. (2002), «La superdotación y el género», en *Aula Abierta*, n.º 79, pp. 31-42.

♪ **La «elección de Sophie»:** se refiere a la contradicción que sufren algunas jóvenes superdotadas entre aceptar sus altas capacidades y su autorrealización siendo sinceras consigo mismas, rompiendo así una supuesta regla, o bien preocuparse por su aspecto en detrimento de sus intereses profesionales y académicos, siendo aceptadas así en su círculo social.

Además, debemos prestar una atención especial a este **perfeccionismo**, del cual hablábamos antes y que volveré a abordar en otro capítulo. Según afirma Luz Pérez,[9] una vez que las mujeres consiguen superar todos estos retos, llegan a pagar un tributo psicológico, que recibe el nombre de **síndrome de la abeja reina** y que describe la situación de una mujer que es capaz de tener éxito como un hombre en tareas relacionadas con el trabajo, mientras mantiene simultáneamente su feminidad y tiene éxito como madre y esposa, pero de una manera extrema: se agotan intentando hacer todo bien, casi solas, pero siguen atormentadas por la culpabilidad de no dedicar suficiente tiempo al cuidado de su familia, su casa, sus hijos y su carrera profesional, y aparecen síntomas psicosomáticos (desánimo, cansancio, dolor de espalda, de cabeza, de estómago...). A partir de la descripción del síndrome, la autora ofrece varias indicaciones con relación a las niñas y las jóvenes para prevenir problemas psicológicos desde la escuela y la familia. De hecho, Reis (1987),[10] que elabora también este concepto sobre la abeja reina a partir de la teoría de Staines, Tavris y Jayaratne (1974),[11] asegura que el perfeccionismo está más presente en mujeres que en hombres superdotados.

---

9. Pérez, L. F. (2002), «El síndrome de la abeja reina», en Pérez, Domínguez y Alfaro (eds.), *Actas del seminario: situación actual de la mujer superdotada en la sociedad*, Consejería de Educación, Madrid, pp. 217-234.

10. Reis, S. M. (1987), «We can't change what we don't recognize: Understanding the special needs of gifted females», en *Gifted Child Quarterly*, vol. 31, n.º 2, pp. 83-89.

11. Staines, G., Tavris, C. y Jayaratne, C. (1974), «The queen bee syndrome», en *Psychology Today*, n.º 7, pp. 55-60.

¿Qué hacer?

En primer lugar, y más en el mundo actual, deberíamos **concienciar-nos socialmente**. ¿Cómo? Sensibilizándonos acerca de la contribución que puede hacer la mujer al crecimiento social y económico del mundo. Sensibilizándonos ya desde la escuela —parecía un tema superado, pero por lo visto no lo es— sobre el papel de la mujer. Trabajando valores.

A ritmo del *Tango* de Albéniz, interpretado por Alicia de Larrocha, voy allá.

Referencias femeninas en el mundo, por favor. Además de las conocidas, como Jodie Foster, Rowling, Madonna, Mileva Einstein, Meryl Streep, Nicole Kidman, Natalie Portman, Alicia Keys, Shakira, Lucía Etxebarría, Geena Davis, Lisa Kudrow, Emma Watson, Simone de Beauvoir, Marie Curie, Nancy Spero y Mary Montagu, muchas otras niñas, profesoras, vecinas cercanas y un largo etcétera que podemos encontrar en @mujerconciencia. ¿Cuántas mujeres —de altas capacidades— aparecen en los libros —tediosos— de texto? ¿Cuántas protagonistas de talento se conocen? ¿Cuántos ejemplos en las empresas se usan? ¿Paridad en los CEO? Y... ¿En todo tipo de empresas? Ya desde la escuela se crean estereotipos. Mujeres y hombres somos diferentes, sí, nuestro cerebro es diferente, también, pero la igualdad debería estar en la vida cotidiana y en la posibilidad de oportunidades. Hoy, a pesar de los avances de la tecnología, a pesar de la formación, a pesar de las capacidades, no lo tenemos superado: sigue existiendo una clara brecha de género. En pleno siglo XXI parece que hayamos dado pasos atrás en muchos aspectos, y este es uno de ellos. Y aún es peor cuando vemos mujeres con altas capacidades expatriadas, donde las dificultades crecen. Por eso mismo, si no se trabaja en la escuela, en la educación infantil, y antes en las familias, difícilmente podremos variar la invisibilidad de las mujeres con altas capacidades. Seguirán persistiendo los estereotipos sobre el papel de la mujer en la sociedad, que a día de hoy siguen vigentes a través de los materiales de aprendizaje, de la publicidad, de los medios de comunicación, de los juguetes, de la ropa y de los deportes, entre otros. Leer biografías de mujeres puede resultar de gran interés.

Profesionales de escuelas e institutos, pero también de universidades. Por favor, fijaos en la cantidad de niñas, adolescentes y jóvenes —también adultas que estudian más tarde— que pasan desapercibidas. La detección general nos ayudaría a saber un poco más, una detección previa con unos signos «de alarma» a tener en cuenta,[12] también respecto a las niñas. Quizá se trata de niñas que pasan desapercibidas, tímidas, algo ausentes a veces, pero que formulan preguntas en clase —o en tutorías individuales o en pequeños grupos— que te hacen sospechar. Por su profundidad, por su reflexión, por su interrelación entre diferentes aspectos, por su creatividad. Me ha pasado en más de una ocasión en el ámbito universitario. ¿Por qué no ahondar en ello? ¿Por qué no informarse y formarse también en altas capacidades?

Atención primaria de salud. ¿Cuántas personas acuden a los centros de atención primaria —a partir de los 18 años, que son consideradas ya adultas, e incluso antes, cuando el pediatra ya no las atiende— y no se sabe que existen las altas capacidades? ¿Cómo detectarlo si no se conoce? Ahí está el quid de la cuestión. Y aquí me gustaría incluir a los pediatras y a los DUI (enfermer@s), que desempeñan una gran labor en el servicio de atención ambulatoria de enfermería en adolescentes. ¿Por qué no formarse en altas capacidades, también en los servicios de atención primaria, hospitales y la red de atención de salud mental?

Adaptar el entorno. Un entorno que permita desarrollar sus potencialidades, sus talentos y sus capacidades. En este sentido, sirve para cualquier persona con altas capacidades. Sabemos que son se-

---

12. Hay mucha información en este sentido, muchos test de detección, pero que deben contextualizarse a las necesidades de la población, en función de la cultura de cada país. Recomiendo echar un vistazo a los propuestos por Luz Pérez. Se pueden descargar y son fáciles de utilizar con todos, no solo con los que se sospeche que tienen alta capacidad. Véase https://www.luzperez.es/journal.

res que necesitan retos, necesitan satisfacer sus intereses, sus ganas de conocer. Lo repetitivo y lineal les hastía; son sensibles (a los gritos, los ruidos y las burlas), y su sentido de la justicia es muy elevado. A diferencia de las niñas, muchos niños suelen llamar más la atención durante la escolaridad: se mueven más, se encaran a los maestros, se rebelan, hacen más ruido. Las niñas, por lo general, se inhiben, pasan desapercibidas, se meten en su mundo interior, muchas veces desconectan. Su perfeccionismo característico les exige demasiado y se retraen; tienden a controlar la situación, y ocultan sus sentimientos, sus miedos, sus preocupaciones, sus frustraciones y su malestar para no defraudar a los otros (maestros, padres). Por supuesto, no se puede generalizar, pero muchas veces ocurre así. Para ello, debemos fijarnos en aquell@s alumn@s que no reclaman tanto, que no se mueven tanto, que están pero no advertimos su presencia. También necesitan atención y que ajustemos el entorno a sus necesidades. ¡Fijémonos en l@s que no molestan!

Reconocer y sostener su intensidad emocional, profesional, afectiva, conyugal, creativa, familiar..., cada persona a su modo, más en un ámbito que en otro o en todos por igual. Esa intensidad que hace que las relaciones a veces no duren, que se impliquen demasiado o que no se comprometan si el compromiso por la otra parte no es equitativo. Esa intensidad que cuando son pequeños puede agotar a las familias (sean niños o niñas, que también), que cuando son adolescentes muchas veces «se les va la olla», o viven experiencias extremas, o simplemente se rebelan de forma exagerada. Ahora bien, está el otro extremo, niñas que de pequeñas no molestan, de adolescentes obedecen, y de adultas se les complica la vida y van dando tumbos, sintiéndose sin valor, como máquinas, sin comprender nada. Y sí, sobre todo pasa con las mujeres. Aunque ¡qué suerte tener unas hijas, unos hijos, tan intensos! Ofrecen la posibilidad de no aburrirse y, además, la de conocerse a sí mismos, padres y madres enfrentados muchas veces por esos cuestionamientos, por esa rebeldía, por esos desafíos y provocaciones constantes, que se pueden intensificar cuando los hijos son adolescentes. Pero, en definitiva, lo que van buscando es, por una parte, límites —que les ayuda a crecer y a ser—, y, por otra, ese sostén que les acompaña y les ayuda a ver y a comprender el mundo, y a verse y a comprenderse en él. Y sí, esas niñas con altas capacidades, las niñas que se rebelan, las que no saben dónde están, no se entienden y no se soportan, necesitan ese apoyo, ese sostén, esa comprensión, esa seguridad. Como describe Siaud-Facchin,[13] las niñas, durante la infancia, muestran mayor capacidad de adaptación que los niños, pero esta adaptación consume mucha energía, pues se trata de una estrategia, no de un mecanismo natural. Si la carga es demasiado fuerte, las dificultades pueden surgir de forma brusca en la adolescencia, pues el dolor que se había aguantado arraiga. Si las dificultades no surgen en la adolescencia, llega a la edad adulta con sus preguntas sin respuestas y con ese sentimiento difuso pero constante de estar siempre desfasada y de ser diferente. Puede pasarse la vida cuestionándose, adaptándose, buscando en sí misma las razones de su malestar, pero encuentra pocas respuestas y permanece instalada en una vida al margen de aquella que tanto le gustaría vivir, y sin comprender los motivos. La mujer superdotada suele estar sola porque su inteligencia singular la aísla aún más que a los hombres.

Apoyo familiar para elegir su desarrollo profesional. En el entorno universitario todavía vemos algunas especialidades que las mujeres apenas escogen. ¿Presión familiar, social, desconocimiento de modelos femeninos? Hay que animar, estimular, orientar, valorar diferentes posibilidades, no las que tengan que ver con las expectativas sociales o familiares, sino las que realmente sean del deseo de la hija. Sin presionar.

Tener contacto, amistad, con otras mujeres de altas capacidades puede ayudar a comprender situaciones, sensaciones, experiencias vividas y por vivir. En el grupo de ayuda mutua que he impulsado realizamos encuentros que favorecen este contacto con delicadeza.[14]

---

13. Siaud-Facchin, J. (2014), *¿Demasiado inteligente para ser feliz? Las dificultades del adulto superdotado en la vida cotidiana*, Paidós, Barcelona, pp. 211-212.

14. Véase www.menudotalento.com.

No lo olvides: «existen muchas "diosas" en una sola mujer. Cuanto más complicada es esta, más probable es que haya muchas "diosas" activas en ella. Y lo que es satisfactorio para una parte de sí misma puede ser irrelevante para otra parte».[15] Mientras escucho la voz y el piano de la maravillosa Alicia Keys..., te invito a que me acompañes a la siguiente *melodía*.

---

15. Shinoda, J. (1994), *Las diosas de cada mujer*, Kairós, Barcelona, p. 20.

Diamante 3

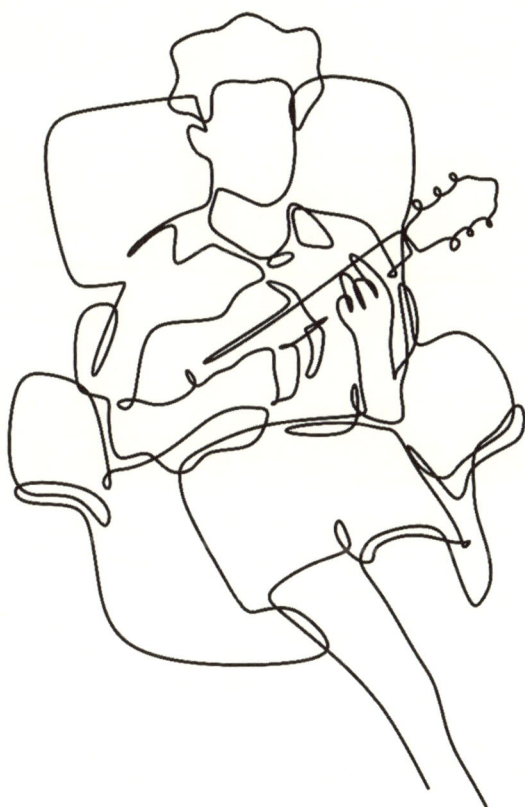

Melodía de ukelele
junto a su guitarra

Una madre
con altas capacidades
y su hijo de 11 años,
constantemente acosado.

«Siempre pregunto el porqué. Me trataron como rara. *Cuando eres joven, no sabes por qué, pero de adulta te acostumbras*».

«Era un niño que quería volar. Ser diferente se paga».

Con el diagnóstico de mi hijo se me encendió una luz y me animé a seguir estudiando: vi en mí muchas cosas comunes. *El sistema educativo nunca me gustó, me rebelaba, no aprendí nada, me lo pasé bien, decían que era de las tontas, no seguí estudiando. Brutalmente tímida, la que se ponía roja siempre, siempre me trataron como rara. Entro en discusión, siempre pregunto el porqué, lo veo claro, pero los demás no lo entienden. Incluso en el trabajo me pasa. Cuando eres joven, no sabes por qué, pero de adulta te acostumbras. Cuando hablo, visualizo, he de ver las cosas, me dicen que soy rara.* No soportan que seas responsable, hay quien viene a ocupar una silla y ya está, hay mucha parte de la administración que es así, y eso nos afecta a todos. No soporto el sistema. Esto me ha creado angustia. Sin ilusión no se hace nada, te mueres. Busco caminos. Mi padre y mi abuelo también tenían algo de superdotación. Con 19 años, mientras hacía unos cursos subvencionados por la administración, me hicieron varios test, y me dio un CI superior a la media, factor g 95 sobre 100. La psicóloga me dijo que *podría hacer lo que me diera la gana, solo que era perezosa.* También salió positivo en el PAS, mi hijo también, es muy sensible a nivel de oído. Es maniático en el tema de comer, yo también. Beber agua por el lado izquierdo en lugar de por el centro. O preferir los pares a los impares, aunque no se obsesiona. En eso podríamos decir que es Asperger, según los libros que he leído, pero vaya. Los sentidos los tiene muy desarrollados, le encanta todavía ahora jugar con las manos, de muy pequeño le gustaba marranear con la tierra en el parque, mojarla con agua, la plastilina. Caminó con nueve meses, pero tengo fotos en las que con cuatro meses ya estaba totalmente sentado. Yo no tenía idea de cómo iba esto, pero *hacía cosas que no «tocaban» por edad.* Con el segundo hijo, a los siete no lo hacía y, claro, me extrañé, pensaba que iba atrasado, pero era todo lo contrario. Mi guitarra se movía mucho cuando estaba embarazada, *nació unos días antes de tiempo.* Tuvo algún problema de psicomotricidad fina. Subió directamente y con la mirada muy abierta. *A los pocos días casi aguantaba la cabeza sola, llegó a explorar, con la mirada muy abierta, dormía muy poco, iba muy rápido, no puedes hacer nada con esto,* queríamos descansar, pero no nos dejaba. **Era un niño que quería volar.** Con 10 meses fue a la escuela, *no se adaptó nunca ni a esta ni a las siguientes.* Es muy *perfeccionista,* nos preguntaban si hablaba mucho o no, él hacía monólogos larguísimos y rápido, pero hizo como un parón y cuando dominó todas las letras, no había ningún problema en hablar perfectamente, pero antes lo tenía que hacer exactamente como sonaba. *Hasta que no es muy bueno en algo, no lo hace.* Cuando comenzó P3 ya me dijeron que era un niño muy inteligente, hasta cuarto curso. Ahora no. Pero eso no era tan bueno. *En función de las maestras que le tocaban, estaba mejor o peor.* Él odiaba las batas, pero le obligaban a ponérsela. En P4 llegó un momento en que le dijeron: mira, tienes un cuarto de hora para ponértela, él controlaba el tiempo y en el último momento se la ponía. Es de diciembre, *no tenía aún los cuatro años, y ya dominaba el reloj;* en segundo de primaria le empezaron a enseñar las horas y, claro, su aburrimiento fue enorme. De todo esto me he dado cuenta ahora. Lo enviaron a hacer un diagnóstico, la maestra sospechaba que era Asperger y nos explicó que tenía síntomas. No era muy lógico, simplemente veíamos que *en casa era un niño muy feliz, contento, inquieto, preguntón, pero si tenía que ir a la escuela a veces vomitaba en el coche,* lo pasaba mal, no quería ir, a veces lo llevé en pijama. Todo esto no lo sabía. En P3, por el trabajo, tenía que dejarlo media hora antes de las nueve, había una persona que los cuidaba, pero gritaba mucho y él se negaba a entrar, *le molesta mucho que las personas griten, no entiende la necesidad.* Quizá esto podría hacer pensar que era Asperger, pero vaya, no nos lo parecía, había muchas cosas que no encajaban. Al final de P5 le dijeron que tenía una gran inteligencia, pero no le diagnosticaron nada. En ese mismo curso comienza el *bullying,* empiezan a hacerle cosas. *Tenía amigos, pero muchos le pegaban.* Nosotros le decíamos que si alguna vez le pegaban no lo devolviera, que fuera a las maestras, él lo hacía, pero no le prestaban atención, aprendió que ir a las maestras a explicarles que continuamente le estaban pegando no le servía de nada. Esto lo retrae algunas veces. Ha sufrido mucho, duró hasta cuarto de primaria, aunque hay muchas cosas que no nos las ha dicho. En primero de primaria, venía con botones de la bata rotos, ropa desgarrada, bandejas de desayuno rotas, le quitaban la merienda. *Comenzó a hacer tics.* Él se quejaba; nos explicaba, por ejemplo, que en la hora del patio no le dejaban jugar o que le molestaban. Intentábamos decirle que tuviera paciencia, no ser pesado, aunque a veces lo comentábamos con la maestra y decía que no pasaba nada. En segundo, un día fuimos a la peluquería y le vimos una marca en el cuello... —me cuesta mucho explicarlo, duele—, uno de sus «mejores amigos» fue por detrás e intentó ahogarlo con la cuerda de saltar. Tenían seis años. Al preguntarle, sí, lo explicó, pero no antes, no quería preocuparnos, aprendió a pasarlo él solo y a no quejarse. Ser diferente se paga. Siempre recibe el más raro. A partir de ahí, empezó a engordar. En el colegio lo taparon, no hicieron nada, lo único es que prohibieron las cuerdas en el patio. Los padres a veces somos tontos, no nos quejamos para que no les perjudique. Al cabo de una semana, este niño y un grupito más lo cogieron y empezaron a lanzarle escupitajos, a darle puñetazos y patadas, como si fuera un saco. Él se defendió, claro. Fui a la escuela y me comentaron que era normal, y se escudaron en que él se había defendido. ¿Y qué tenía que hacer? Solamente lo trabajaron en la clase, diciendo a los otros que pidieran perdón a mi hijo, pero ¿qué pasó?, que en el patio luego lo buscaban en grupo y le amenazaban, le empujaban, se burlaban. Él callaba, el rol era tú haces eso, pides perdón, los dos fuera de clase y en el patio pasaba lo que pasaba, cogió este rol, callado, tenía miedo. Él hacía en aquel momento guitarra, alemán, tenis e inglés, todo por opción suya. A raíz del *bullying* deja la guitarra, se aparta de la música, y mira que era bueno, con cinco años, además de solfeo, empezó a tocar el piano con los 10 dedos. En segundo curso lo llevé a una psicóloga para que aprendiera estrategias de afrontamiento para trabajar el *bullying*. Le hizo diferentes pruebas, pero con medidas erróneas (luego otro profesional me lo comentó), y dijo que parecía autista, Asperger muy leve. Nos lo creímos, aunque él nunca ha rechazado el contacto, le encanta abrazar y que lo abracen, no nos cuadraba. El equipo de orientación del colegio tampoco hacía nada.

No tenía problema de notas, sacaba todo muy bien, lo único que estaba solo, se paseaba por el patio solo, o se metían con él; él buscaba a los otros, pero, como no le gustaba el fútbol, se quedaba solo. Sufrió mucho. Siguió en la escuela con un diagnóstico erróneo. Acaba el curso y, de cara a tercero, se hizo un cambio de grupos. Tenía mucha ansiedad por saber a quién se encontraba, los separaron, lo pasó relativamente bien. En cuarto curso dormía muy poco por las noches, más tics, comienza a no dejarse tocar, estaba muy enfadado, con mucho miedo. Se desencadenó todo, comenzaron a pasar cosas, en casa estaba muy triste, muy cerrado, lo último que nos hizo ver que pasaba algo fue que un día vino con una rojez en la pierna, muy hinchada, fuimos al pediatra y dijo que había una infección, pero sospechaba que fuera una picadura. Él no decía nada. Al cabo de dos semanas no bajaba la inflamación y volvimos a ir, medicación, comenzó en abril, en mayo llegó un día a casa temblando, pero no explicaba nada. Por la noche se le hinchó toda la pierna, pero no tenía nada según los médicos. No se le acababa de ir, hasta que lo abrieron y lo analizaron. El patólogo dijo que no tenía nada, que sería simplemente por jugar al fútbol, por las patadas que se dan. Ese comentario me sorprendió, pues él no jugaba al fútbol, y cuando salimos le empecé a presionar para saber qué estaba pasando, se desmoronó y me dijo que desde diciembre le estaban pegando cada día unos niños, dándole puñetazos, etcétera. La psicóloga a la que iba no detectó nada. Aquí sí que decidimos denunciar a la escuela a través del departamento de educación, alguien me lo dijo, y entonces sí se pusieron en marcha en la inspección, vieron que sí había pasado todo eso, que había una negligencia grave por parte del centro. Por mediación de una amiga, le remitieron a un gabinete especializado en diagnóstico de autismo. *Le hicieron las pruebas y no tenía nada de Asperger. Nos enviaron a hacer el diagnóstico de altas capacidades y un seguimiento con algún profesional especializado.* Llevó durante años una etiqueta que no le correspondía. Cambió de escuela en quinto. Pero, nada más comenzar, volvía a estar triste, enuresis, no quería ir al colegio, se quejaba, las notas bajaron, pues no había ningún tipo de seguimiento, hizo amigos, pero pocos, aprobó todo bien. En sexto curso decidimos hacer las pruebas de altas capacidades, dio una puntuación muy alta, un

CI 140, y descartaron una *doble excepcionalidad*. Aunque lo intuía, fue un golpe para nosotros. No sabía que ser así comportaba tantas dificultades en la escuela. De hecho, la adaptación ha sido no hacer nada o hacer muy poco. La profesora le dice que no tiene el perfil de altas capacidades, que no tiene el aspecto de un niño tan inteligente. No se hace ni enriquecimiento ni nada, se ha pasado todo el curso aburriéndose, sin tener ganas de hacer nada. La familia intentó que hicieran formación, financiándola, pero se niegan. Además, insisten en el informe antiguo, erróneo, de Asperger, insistiendo en que volvamos a hacer el diagnóstico, pagándolo nosotros de nuevo, claro. Lo pasamos muy mal con mi hijo, a veces pienso qué hubiera ocurrido sin ningún recurso económico. El siguiente curso volvimos a cambiar de escuela.

Tardamos tiempo en tener un diagnóstico adecuado, en poder abordar el *bullying* de una forma profesional. Últimamente se ha ido abriendo poco a poco con la nueva psicóloga y ha podido expresar lo que ha vivido en todos estos años. La psicóloga piensa que ha sufrido mucho y considera que las puntuaciones serán aún más altas en el futuro, cuando el sufrimiento baje. Hay hechos de las agresiones sufridas que todavía no recuerda, habitual en un *síndrome postraumático*. En cuanto a la nueva escuela, está contento, son pocos niños, hacen una evaluación continua, aprueba con muy buenas notas y por primera vez tiene muchas ganas de ir. Está yendo a clase de japonés y de francés. Sigue sin estudiar demasiado, pero va haciendo los deberes, sin que nadie le insista. Cada vez va responsabilizándose más, ha desaparecido la enuresis, la ansiedad va disminuyendo, va cambiando poco a poco.

Para comprender más...

Esta es una madre diagnosticada a raíz de su hijo. Cuando hablamos de **adultos con altas capacidades**, vemos diversidad de circunstancias. Unos han sido identificados —esto no quiere decir que les vaya mejor la vida—, otros ni siquiera eso. Los que no han sido identificados se enfrentan al desafío de dar sentido a sus características superdotadas sin una etiqueta que los guíe de alguna manera; para los que lo han sido, su desafío es encontrar el sentido de sí mismos a la luz de esa etiqueta.[1] En su bonito artículo «¿Puedes oír cantar las flores?», Lovecky[2] expone algunos rasgos (los tres primeros basados en Torrance,[3] los otros dos a partir de discusiones con personas adultas talentosas) que conforman una parte integral de las personas adultas superdotadas —a pesar de que pueden variar en cada persona en cuanto a factores fisiológicos y de personalidad—, rasgos que parecen producir un posible conflicto interpersonal e intrapersonal y cuyas manifestaciones de comportamiento los hacen social y emocionalmente significativos. La suma de manifestaciones conductuales, pues, pueden verse en la persona de forma positiva o negativa. Además, hay que tener en cuenta que no siempre se manifiestan todos los rasgos y que muchas veces se dan partes, tanto positivas como negativas, paralelamente a

---

1. Ackerman, C. (2019). Véase https://www.sengifted.org/post/gifted-adults.

2. Lovecky, D. (2011). Véase https://www.sengifted.org/post/can-you-hear-the-flowers-sing-issues-for-gifted-adults.

3. Psicólogo norteamericano (1915-2003), profesor e investigador pionero en el estudio de la creatividad, que desarrolló el test de Torrance para evaluar la creatividad y el talento.

lo largo de su desarrollo. Veamos la **descripción de estos rasgos** que hace Lovecky:

♪ **Divergencia.** Los pensadores divergentes prefieren dar respuestas inusuales, originales y creativas. El pensamiento divergente tiene un valor social y emocional positivo. A nivel positivo, situaríamos a las personas exitosas, innovadoras, comprometidas con las tareas y altamente independientes. También a las que encuentran soluciones creativas a los problemas, incluidos los interpersonales; desafían los estereotipos y aportan color a la vida de los demás, quienes pueden valerse de su ejemplo para encontrar el coraje que les permita romper los lazos de conformidad y disminuir los efectos del prejuicio. En el lado negativo, los pensadores divergentes encuentran dificultades en situaciones en las que el consenso grupal es importante. Les resulta difícil apoyar ideas que les parecen tontas y se enfocan en las propias. En situaciones sociales pueden no encajar e ignorar las reglas sociales comunes (como no estar de acuerdo con los que los demás consideran influyentes o no criticar públicamente si ven la injusticia). El dilema del pensador divergente es mantener la identidad ante la presión de conformarse. Si nadie más escucha «el canto de las flores», el pensador divergente puede experimentar alienación y una depresión existencial.

♪ **Excitabilidad.** Se caracteriza por la reactividad emocional, el alto nivel de energía y la elevada excitación del sistema nervioso. En el capítulo 10 veremos en profundidad los diferentes tipos. Los adultos dotados con el rasgo de excitabilidad pueden enfocar su atención y concentración durante largos períodos de tiempo, usar su energía productivamente en una amplia variedad de intereses, y hacer las cosas bien, muy bien (pero el exceso haría caer en un perfeccionismo enfermizo). Disfrutan de la emoción de correr riesgos y enfrentar desafíos (¡ojo!, siendo conscientes de las consecuencias del riesgo, tomando riesgos en forma de desafíos en lugar de actividades imprudentes, y sabiendo cuándo deben dete-

nerse). En el aspecto positivo, permite producir prodigiosamente
en lo que más atraiga su interés (si no hay interés, no), allanan
el camino para que otros les sigan aportando sus ideas innovadoras. Este rasgo puede tener un valor social y emocional positivo: la productividad y tomar riesgos crean nuevas ideas, innova-
ciones, valores. La energía puede invertirse en una gran variedad
de proyectos, ideas y preocupaciones, más que en un solo trabajo. En la parte negativa, los adultos dotados con este rasgo pueden tener dificultades para autorregularse. El aburrimiento y la
necesidad de estimulación pueden producir un hábito de actividad constante. A veces no pueden seguir adelante con los proyectos porque anhelan la novedad, y persistir en una constante
novedad no siempre es posible. Por ejemplo, comenzar un proyecto nuevo o en una empresa con un alto interés, seguido de su pérdida cuando la novedad disminuye. Surge el sentimiento de eno-
jo, de frustración. Otro aspecto negativo es que muchas veces se
siente poca satisfacción con lo que se ha logrado, aunque a los
ojos de los demás sea excepcional. El dilema está ahí, en sentir
escasa gratificación a pesar del esfuerzo, a pesar de sembrar, porque ven que otras personas lo consiguen más rápido. «Las flores
cantan, pero nunca tienen la oportunidad de disfrutarlas».

♪ **Sensibilidad.** Incluye un sentimiento profundo que lleva a identificarse con los demás. Las personas dotadas establecen apegos
profundos y reaccionan al tono de sentimiento de las situaciones.
Piensan con sus sentimientos. Se comprometen intensamente
con otras personas y con causas sociales. Pueden ser entusiastas y muy decididas en su dedicación. Encuentran un beneficio
social y emocional positivo en su profunda preocupación por las
necesidades y los derechos de los demás, en su empatía por
los sentimientos de los otros y en su deseo de ayudar, aunque
sea a costa de uno mismo. Son conscientes de los aspectos más
sensuales del entorno, como los colores, los olores y las intuiciones. Algunos experimentan una sensación de intercambio universal, un sentido de unidad con el cosmos. Tienden a ser perso-

nas altamente morales, preocupadas por dar y hacer lo que es correcto para los demás. De forma negativa, pueden no entender que las otras personas no sientan tan profunda e intensamente, o que puedan tener prioridades diferentes. Pueden llegar a ser muy intolerantes con las necesidades de los demás cuando perciben que esas necesidades son superficiales. Los otros pueden no entender o respetar esta sensibilidad y rechazarlos, lo que los convierte en vulnerables. El riesgo es que se aíslen. «Escuchan el canto de las flores, sienten una unidad con el universo y desean que todos escuchen esa canción».

♪ **Facultad perceptiva.** Consiste en ver simultáneamente varios aspectos de una situación, comprender varias capas de uno mismo dentro de otra o descubrir rápidamente el núcleo de un problema. Pueden entender el significado de los símbolos personales y ver mucho más allá de la superficialidad de una situación de las otras personas. Tienen gran habilidad para comprender las emociones y las motivaciones, y pueden ayudar a otros a comprenderse a sí mismos. «Pueden escuchar las flores cantando dentro de otros que aún no son conscientes de sus propios dones». Su intuición y capacidad para comprender varias capas de sentimientos al mismo tiempo les ayuda a evaluar rápidamente las situaciones y a las personas. Son hábiles para detectar la incongruencia entre las fachadas sociales exhibidas y los pensamientos y sentimientos reales. Reconocen y necesitan la verdad. Detectan la falsedad, la mentira y la hipocresía, y no les gusta. Tienen talento para «ver», a pesar de que a algunas personas no les guste. Tienen capacidad para ver su comportamiento de forma algo objetiva, evaluar sus propias motivaciones y las de los demás, y basar sus respuestas en las percepciones de la dinámica subyacente. A menudo harán lo que consideren lo mejor para ellos, a pesar de la desaprobación del entorno. Como aspecto negativo, está la dificultad para las relaciones interpersonales, porque los demás se sienten amenazados y vulnerables por lo que el adulto dotado ve tan claramente. Cuanta mayor discrepancia ve el adulto talentoso

entre el ser interno y la cara externa de la otra persona, más in-
cómodo puede sentirse. El dilema está entre si ocultar las ideas
y responder superficialmente a la fachada social o bien utilizar el
don y consecuentemente arriesgarse al rechazo; puede haber dificultades, tanto en un caso como en el otro, con la espontaneidad. El riesgo es el miedo a la cercanía y a la intimidad.

♪ **Entelequia.** Es un término filosófico que ideó Aristóteles y que
tiene su origen en una palabra griega. La entelequia expresa lo
que en sí mismo lleva al propio fin. Sería el tener una meta, por
un tipo particular de motivación, de fuerza interna, vital, que dirige la propia vida y el crecimiento para convertirse en todo lo que
el sujeto es capaz de ser. Los adultos dotados de entelequia son
muy atractivos para otros, que se sienten atraídos por la apertu-
ra, el calor y la cercanía, y obtienen la esperanza y la motivación
necesarias para lograr su propia superación. En el aspecto negativo estaría todo aquel que se adhiere o se engancha a estas
personas para conseguir sus propios éxitos a costa de la persona dotada, sin ofrecer nada a cambio, como veremos en el capítulo 6. Esto produce vulnerabilidad. Las personas dotadas de entelequia aportan sentimientos profundos a una relación. Su ejemplo
de superar obstáculos y su continuo apoyo e interés ayudan a
otros a desarrollarse. «No solo escuchan el canto de las flores,
sino que también invitan a otros a escucharlas». Son capaces de
crear momentos únicos de amistad, esos momentos especiales
en los que dos personas dan realmente lo mejor de sí mismas y
pueden compartir en un nivel muy profundo. El dilema de estos
adultos es encontrar formas de nutrirse a sí mismos a través de
los demás, evitando el gasto de recursos personales vitales en
las necesidades de las otras personas. El riesgo es la ansiedad
que puede producirse por las solicitudes extremadamente egoís-
tas, absorbentes y manipuladoras de otras personas, y evitar así
la cercanía en las relaciones interpersonales.

Estos rasgos pueden conducir a crisis cada vez que resurja el conflicto, a menos que aprendan a valorarse a sí mismos y encuentren el apoyo en otras personas, y que sigan escuchando ese «**canto de las flores**», acompañados de sus propias **músicas internas** y, sobre todo, **persiguiendo sus metas**, cueste lo que cueste.

Por otra parte, vayamos al niño. En este caso, vemos que **hay un diagnóstico erróneo** de Asperger y luego se hace otro de altas capacidades. Durante muchos años, la familia y el propio niño han pensado que tenía una etiqueta y resulta que era falsa. ¿Alguien piensa en los efectos que eso produce para desarrollar su autoconcepto y autoestima? No estar diagnosticado también los produce, pero estarlo erróneamente... Una etiqueta que parece tranquilizar a los profesionales que lo atienden más que otra cosa, una estigmatización innecesaria. ¡Los errores en los diagnósticos hacen tanto daño...! ¿Por qué estos errores? Necesidad de un diagnóstico, etiquetar y uno menos. Falta de conocimiento, sobre todo del de las altas capacidades. Falta de interés de algunos profesionales por no querer ir más allá y ver otras posibilidades. Falta de observación en todos los contextos de desarrollo de la persona. Dedicarse a diagnosticar teniendo en cuenta tan solo el momento en que se pasan instrumentos, sin valorar otros aspectos contextuales. Resulta que este niño, aunque pocos se lo creen, tiene altas capacidades, simplemente eso, que no es poco. No es, pues, siquiera un caso de doble excepcionalidad. **Doble excepcionalidad** sería que estuviera diagnosticado con dos etiquetas o más, teniendo dos o más necesidades educativas especiales. Cuando ocurre esto, muchas veces se priorizan los otros diagnósticos en detrimento del de altas capacidades. Se atiende mucho más —y quizá hasta mejor— a las dificultades de aprendizaje, la dislexia, la discalculia, el TDAH (la persona con altas capacidades se aburre y se mueve y desconecta dejando de prestar atención a lo que no le interesa, no en todas las situaciones, áreas y contextos, como ocurre con los niños y niñas con TDAH), el Asperger (hoy día TEA, que abordaré en el último capítulo), algún déficit visual, motor o auditivo..., esos otros diagnósticos asociados a las altas capacidades. Esos otros diagnósticos que «preocupan» más a muchos pro-

fesionales, que son más vistosos, porque precisan una «atención», porque se hacen evidentes. Pero ¿qué pasa con las altas capacidades? Pues que se acostumbran a desatenderlas ante esas otras preocupaciones. Y sí, precisan también una atención específica: para algo están consideradas a nivel legislativo como necesidad educativa especial. Recordemos que hay que atender tanto las áreas en las que estos niños y niñas muestran dificultades como las áreas en las que muestran capacidades potenciales, que deben desarrollarse para que se conviertan en plenas capacidades.

Desgraciadamente, no es el único niño que pasa por un acoso escolar, ni la única familia. En el siguiente diamante, y en el capítulo 8, volverás a verlo. Y en tantos otros casos que se conocen o se ignoran. Dependerá de que queramos mirarlo..., sí, sí, se trata de no mirar hacia otro lado. Y de eso los profesionales tienen que hacerse responsables, y también la sociedad. Los niños y los adolescentes deberían poder ir seguros a la escuela, sin miedo a que alguien les golpee, les insulte o les excluya. Y las familias deberían poder confiar en que sus hijos estarán bien en los centros educativos. Pero cada vez nos encontramos con más casos de acoso escolar. Por ello es necesario establecer protocolos —en España hay algunos— para poder detectarlos y actuar en consecuencia, y es de obligatoriedad incluirlos en los planes de convivencia de las escuelas. También son necesarias leyes contra el bullying.

El bullying o acoso escolar —que no es lo mismo que conflicto o enfrentamiento de personas— se considera un maltrato sistemático, un abuso de poder entre alumnos en el ámbito escolar; es casi imperceptible, pero se produce en el día a día y causa daños. Se caracteriza por la repetición de acciones, por la intencionalidad, produciendo daño en la persona que lo recibe por la indefensión de la víctima (si se defiende se dan nuevas agresiones, si no lo hace siguen igualmente) y por un entorno que lo tolera y lo permite, que argumenta sus causas o las minimiza, pero que no hace nada. Este tipo de violencia, que se va construyendo lentamente, produce **estrés postraumático**, comportando por parte del agredido hipervigilancia (no querer salir al patio, buscar la compañía del maestro) o conductas evitativas. Estos serían dos signos de alerta

a tener en cuenta. El bullying puede ser físico (pegar, amenazar, romper cosas, robar pertenencias...), verbal (burlarse, insultar, rumorear, hablar mal de alguien) o mediante la exclusión social (ignorar, apartar, excluir, dejarlo a un lado como si no existiera, no permitir que participe).

¿Y qué pasa con el ciberbullying? En el informe de Save the Children de 2019[4] sobre violencia viral, se afirma que alrededor del 75% de los jóvenes sufrió algún tipo de violencia online durante la infancia en diferentes formas: sexting sin consentimiento (conducta practicada por adolescentes al intercambiar mensajes o imágenes propias con contenido sexual, y difundirlas sin el consentimiento del menor), sextorsión (una persona chantajea a un niño, niña o adolescente amenazándole con publicar contenido audiovisual o información personal de carácter sexual que lo involucra), ciberacoso (extensión del acoso tradicional a través de mensajes, imágenes o vídeos que pretenden dañar, insultar, humillar o difamar, y cuyo alcance es mayor por la viralización que pueden tener las imágenes), happy slapping (grabación de una agresión física, verbal o sexual y su difusión a través de las redes), online grooming (cuando un adulto intenta involucrar a un menor en una actividad de naturaleza sexual, mediante sobornos o engaños, generando un clima de confianza), exposición voluntaria a material sexual o violento, incitación a conductas dañinas. En este informe, además de unas recomendaciones generales (ley de protección de violencia contra la infancia, educación afectivo-sexual, educación en ciudadanía digital, aplicación efectiva de la edad mínima para el acceso a los servicios de internet y del consentimiento para compartir datos de carácter personal, medidas específicas para este tipo de violencia, políticas de prevención y protocolos de actuación), se ofrecen recomendaciones distribuidas en cuatro ámbitos: para menores, para familias, para profesionales y **para la sociedad**, mediante **la sensibilización**.

Hace algún tiempo, mientras paseaba por Saguenay, en Lac-Saint-Jean (Canadá), me encontré con una bella representación de un escul-

---

4. Sanjuán, A. (2019), *Violencia viral*, Save the Children, Madrid.

tor, *L'esseulée* —intimidación—, de Roger Langevin,[5] una preciosa obra comprometida, espiritual, que denuncia la intimidación, esa injustificada situación que viven demasiados niños y adolescentes. Son dos bancos, uno al lado del otro: en uno hay una escultura de una chica, sola, apartada; en el otro hay dos adolescentes mirándola, riéndose. Estas esculturas fueron encargadas al artista por un donante cuya hija se había suicidado después de sufrir acoso escolar de forma reiterada. Hay doce ejemplares de esta obra distribuidos por distintos municipios de Quebec. Las escuelas y los institutos de la zona realizan actividades de sensibilización visitando los parques en los que están situadas las esculturas. Cuando lo descubrí, vi que había unas placas elaboradas con los escritos de los alumnos de las escuelas. Lo más sorprendente de todo es que había personas que leían la placa que explicaba el sentido de la obra y se mofaban. Se sentaban al lado de las esculturas para tomarse fotografías, pero la mayoría lo hacían en el banco donde estaban los dos chicos. La chica seguía sola, aislada. ¿Es esta la sensibilización que tenemos en la sociedad?

---

5. Véase https://rogerlangevin.com/lesseulee/.

¿Qué hacer?

Respecto al acoso escolar, **la intervención** debiera dirigirse a la sensibilización, con programas específicos y formación en bullying y ciberbullying (para alumnos, profesores y familias), aplicando protocolos, trabajando la educación emocional, implementando mecanismos de resolución de conflictos en los centros educativos y, sobre todo, actuando en el campo de la prevención. Pero, además, y muy importante, no intervenir solo en la víctima, sino **intervenir estratégicamente, con una visión sistémica**, trabajando con todos los protagonistas: víctima, agresor o agresores, resto del alumnado, profesorado, familias, técnicos y todos los actores de la sociedad.

Parece que a día de hoy debiera haberse avanzado, teniendo en cuenta los estudios que se han realizado en los últimos años, pero, sinceramente, la atención a los **aspectos socioemocionales** de las personas con alta capacidad, así como a su **talento creativo**, sigue siendo un tema pendiente. Se habla mucho, se propone como algo imprescindible, sobre todo si nos centramos en el ámbito escolar, pero no se realizan propuestas significativas para abordarlo.

La oportunidad que da tener uno o varios hijos con altas capacidades para reconocer las propias es un regalo que se recibe con los brazos abiertos. Muchas personas adultas a las que no se ha diagnosticado se han sorprendido descubriéndose al ver a sus hijos; otras, que han sido diagnosticadas en la edad escolar o de jóvenes, han encontrado esas *sinfonías* que suenan al unísono. Tanto en un caso como en el otro, lo saben bien.

Otro de los temas pendientes es cómo desarrollar y fomentar las propias capacidades de los adultos superdotados, teniendo en cuenta estas **necesidades socioemocionales**. A continuación, propongo varias pistas para trabajarlo, incluyendo las propuestas de Lovecky[6] y de Ackerman:[7]

♪ **Conocerte a ti misma.** Valorarte, comprendiendo tus ideas y aceptando tus intuiciones. Los símbolos personales se pueden explorar de varias formas, que incluyen soñar despierto, analizar los sueños, escribir poesía o cualquier cosa que apetezca en libretas o diarios (va bien escribir sobre una misma: los sentimientos y las ideas que se te ocurran), hacer bocetos, pintar (se incluyen también las paredes de colores), usar imágenes y técnicas de visualización, hacer meditación de forma continuada.

♪ **Reconocer tus propios dones y aceptarte como eres,** valorando la propia singularidad y reconociendo que eres especial tanto para lo positivo como para lo negativo. Si puedes aceptar fallos y vulnerabilidades, quizá puedas liberar energía para lidiar creativamente con la vida y hacer que los rasgos más positivos salgan a la luz. La mayor parte de la creatividad se desarrolla a partir de la energía que se encuentra en el descontento. Usar la incomodidad como un signo de que hay energía creativa disponible permite hacerse cargo de una misma, en lugar de sentirse destinada a la desgracia, la negatividad y la desesperanza.

♪ **Valorar tus logros.** Permítete pequeñas satisfacciones. *Enjoy!*, disfruta de esos pequeños logros para ti, grandes para los demás. Permítete un tiempo para tomar distancia de esa «niña malvada» que no te deja un momento de descanso, aléjate de su música discordante y céntrate en disfrutar de esos pequeños logros, pues los has conseguido tú, son tuyos. Pero disfrútalos, no te amargues, permítetelo. Y permanece ahí, conscientemente.

♪ **Darte permiso para ser una persona imperfecta,** aunque duela, una persona en continuo crecimiento y cambio. En lugar de no hacer las cosas por no poder hacerlas demasiado bien, ¡ha-

---

6. Véase https://www.sengifted.org/post/can-you-hear-the-flowers-sing-issues-for-gifted-adults.

7. Véase https://www.sengifted.org/post/gifted-adults.

cerlas permitiéndotelo! Empezar por tareas muy simples, aca-
barlas sin llegar a ese perfeccionismo esperado, no repasarlas o
dejarlas casi acabadas y ver qué pasa. Pon límites a lo que ha-
gas, aunque no te guste el resultado que crees que obtendrás.
Quizá te sorprendas. ¡Redescúbrete en tus —pequeñas— imperfecciones!

♪ **Reconocer, aprovechar y hacer frente a las sobreexcitabilidades.** Permitirte experimentar y sentir intensamente. Lo veremos
en el diamante 10.

♪ **Alimentar el desarrollo de tu identidad buscando fuentes de
poder personal.** Liberarse de las limitaciones que inhiben el uso
de la creatividad al escuchar mensajes internos es un medio para
encontrar el propio potencial personal. Sentirse cómoda con una
misma y aprender a convivir con la soledad, en lugar de evitar-
la o temerla, es importantísimo. Hablaré más adelante de esa
solitud, que es una fuente de descubrimiento de las propias potencialidades.

♪ **Cultivar relaciones interpersonales** sin miedo, teniendo expectativas realistas hacia ti misma y hacia los demás. Apreciar las
capacidades y los talentos que todo el mundo tiene, a veces ocul-
tos, pero que una persona con alta capacidad puede ayudar a
que afloren.

♪ **Aprender habilidades prácticas de afrontamiento.** Reconocer
y lidiar con el estrés y el aprendizaje, y utilizar habilidades de
comunicación efectiva. Cuando salga ese ímpetu en ti, ante injusticias, hipocresía, desengaños o dolor, contén tu actuación
agresiva hacia las demás personas y aléjate (no te vayas muy lejos), respira, vuelve y expresa al cabo de un rato lo mismo, pero
sin esa energía explosiva. Por actuación agresiva me refiero a
esa impulsividad verbal que hace aflorar asuntos pendientes que
nada tienen que ver con lo que pasa en ese momento, o a ese
«escupir» verbal que no hace más que dañar al otro o a los otros
y a ti misma. No solo es lo que se dice, sino cómo se dice. Recuerda las ideas de la comunicación no violenta, abordada en el
primer movimiento.

No son recetas mágicas, pues no serían efectivas. En todo caso, son ideas para ir trabajando a lo largo del tiempo, de forma constante. No para leerlas y decir ya está, sino para tenerlas en cuenta y profundizar en ellas. Estas estrategias también pueden ser efectivas para niños, niñas, adolescentes y jóvenes, acompañados por un adulto. ¿Quién mejor que la propia familia, madre y padre, y más si sabe de qué va esto?

Y entre el «I'm yours» de Jason Mraz y el grupo Manel con su ukelele, armonizamos hacia el cuarto movimiento.

Diamante 4

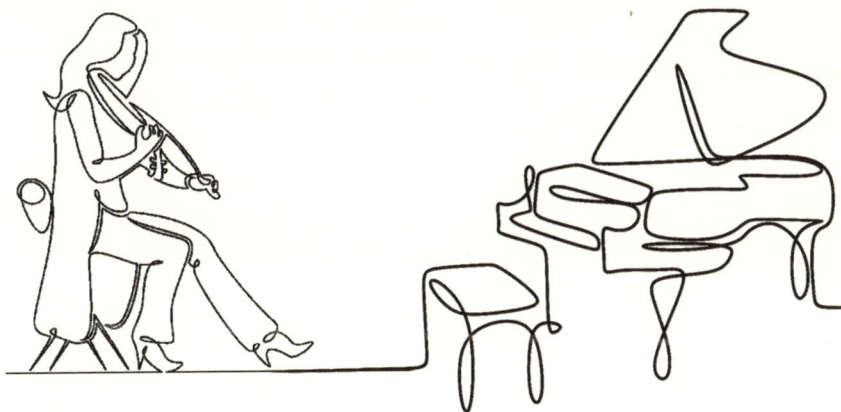

Una danza de piano y violín

Un niño de nueve años
superdotado, acompañado
maravillosamente
por su familia.

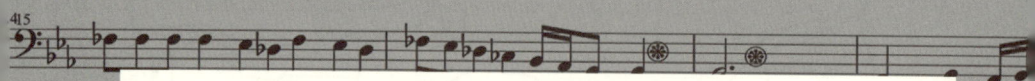

«Nació con los ojos mirando al cielo.
La paciencia la tengo que tener con el entorno.

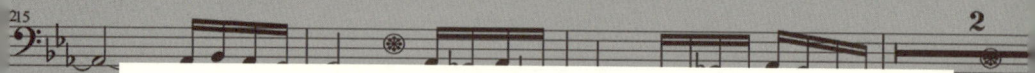

Él nunca ha tenido grises».

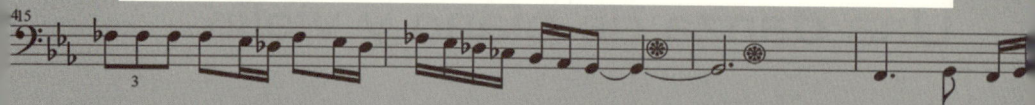

Quiero que vivan bien, que sean felices, que duerma por la noche. *Paciencia con mi hijo no la necesito, he tenido la suerte de tener un niño maduro*, pero además es que es bueno. *No es prepotente, es muy fácil de llevar, ha ido solo.* Para mí ha sido muy fácil, es un niño maravilloso, es el mayor, tengo otro de seis años.

Nació muy maduro ya, a las 42 semanas inducido, parto instrumentado, pero bien. **Nació con los ojos abiertos, mirando hacia el cielo**, los árabes dicen que es algo especial. Tienen mucha conexión con el alma, con el espíritu. *Ha sido siempre un niño despierto, dormía poco, muy poco.* A la pediatra la tenía un poco preocupada, a mí nada. Si el niño no quería dormir, pues no quería. Lo tuvimos mucho en brazos, ningún problema. Pero él no estaba solo despierto, estaba básicamente atento. *La primera sonrisa la tuvo a la primera semana, me miraba y sonreía, y eso no lo pone en los libros.* Todo lo hacía muy rápido. Claro, me decían que al ser el primero me fijaba demasiado. Pero no. *Pensaba que era normal, no tenía con quién comparar.* Empezó a hablar muy pronto. Tenía mucha hambre de todo, niño insaciable en todo. En parte me da miedo, pues pienso muchas veces: ya verás cuando comience a salir, por el tema de los límites, me da algo de miedo. Porque lo quiere todo y lo quiere ya. Es como todos, pero un poco más que el resto. Tenía unos seis meses y le estaba dando el pecho, me mordió. Le miré muy seria y le dije que si lo volvía a hacer ya no le daba más, y nunca más lo hizo. Me sorprendí, pensé: me ha entendido. No gateó, hizo un poco de arrastre, pero se puso en pie enseguida, hacia los 12 meses él solo. *Empezó a hablar muy pronto. La primera vez que dijo agua, lo dijo con todo el sentido.* Vio una piscina y empezó a decir aguuua..., tenía solo nueve meses. Y al poco tiempo ya decía ventilador, zapato..., con 12 meses, cuando aún no tocaba.

Yo me lo iba apuntando todo. A él, cuando se lo explico, le da mucho orgullo. Con 18 meses llegamos de fuera y nos quedamos en la puerta de casa con las maletas mientras mi marido iba a aparcar el coche. Él me dijo: papá ha ido a aparcar el coche, ¿verdad? ¡Tal cual! Toda la frase bien construida. Y así hacía muchas. *El primer día que llegó a la guardería, iba muy contento, entró sin mirar atrás.* Yo pensé que quizá un poquitín de pena le podría dar, pero no, ¡iba tan contento! Todo fue muy fácil. Salió muy bien, todo iba muy bien, según él decía. *En la revisión de los dos años la pediatra nos comentó que, si en algún momento en la escuela nos decían que este niño tenía algún problema, lo único que debíamos pensar es que era superdotado.* No había leído nada de esto. Y pensé: guárdatelo aquí, pero para qué, dónde vas tú. Me reforzó, pero, ahora que miro atrás, entiendo lo que pasaba. A mí los estudios siempre se me habían dado bien, y pensé que quizá quería ver reflejado en mi hijo lo que yo no tuve aparentemente. Lo mismo con mi marido. Empecé a pensar que quizá veía en él lo que yo quería ver. Pero no, ese pensamiento de creer que mi hijo es más listo que los demás no me gustaba. Me hacía sentir creída. En la guardería empezó en P2 y *aprendió a sumar solito. En casa no le hemos estimulado* más de lo que pedía. Nunca lo apuntamos a las matemáticas del Kumon ni a nada por el estilo, en casa no pretendíamos tener a un Einstein. Además, *esto de repetir las cosas a él no le gusta nada.* Sentido común, tememos. Ahora que ya me he quitado esa cosa, que me da igual ser o parecer más o menos presumida, me da igual. Un día estaba comiendo guisantes, y empezó que si aquí hay dos y allí tres pues hay cinco, y si le quito uno quedarán cuatro. *Así empezó él solo a sumar y a restar.* Yo le iba diciendo: ¿y si te pongo un tomate? Y él decía: pero ¿qué dices?, ¿qué tiene que ver un guisante con un tomate? *Siempre ha sido muy lógico y muy racional.* Tenía dos años recién cumplidos. Un día dice: estamos aquí los tres, ahora van a venir el yayo y la yaya y seremos cinco. Yo le pregunté: ¿y si vienen los tíos? ¡Pues siete! Solo y claro. Lo de las matemáticas ha sido siempre muy flipante, y su manera de hablar. Estábamos en un restaurante un día y nos dijo: esta gente es muy antipática, no me contestan. Le dijimos que no era eso, sino que eran ingleses y no le entendían. Entonces él va y pregunta que cómo se dice hola y su nombre en inglés y *lo aprendió simplemen-*

te para relacionarse con ellos, para poder conversar. Es un niño que *tiene muchas habilidades sociales, en contra de lo que se dice. Él, cuando está envuelto en un conflicto, lo sabe gestionar.* Pero cuando el conflicto es ajeno, lo resuelve. *Es un pacificador,* un resuelveproblemas. Durante una temporada estaba muy triste en clase y me decía: es que Ana pinta muy bien, Daniel juega a la pelota... Y yo, ¿qué superpoder tengo? Básicamente le decía: tú tienes la capacidad de resolver conflictos, tú haces que la gente haga lo que tú quieres que haga. Él se dio cuenta: anda, pues es verdad, y eso le dio tranquilidad. *Es muy buen negociador, convence a la gente.* Con seis años convenció a la directora del colegio, lo hizo él. En primero de primaria. Se acababa el fútbol porque no había suficientes niños. Lo hablamos los padres, dijimos: pagamos lo de los que faltan, estuvimos allí pensando cómo hacerlo, pero no podía ser. Mi hijo dijo que no se podía acabar el fútbol, que hablaría con ella, y al día siguiente viene diciendo que el fútbol seguiría. Y hubo fútbol. No sé cómo lo hizo, pero lo consiguió. Él siempre habla bien. Una madre me decía el otro día que siempre se acordaría de cuando nos conoció. Fue en P3 y él nos presentó. Él vino y dijo: ¿cómo se llama tu hija? Yo soy *violín* y mi madre se llama *piano.* Se presentaba a la gente. Sí, es muy sociable. Y si hay conflictos en clase... Un día venía muy serio con una madre y yo pensando: qué habrá pasado ahora. Resulta que vio a una niña muy compungida en una esquina, a un niño y a las dos madres... Juntó a todos para que hablaran. Yo le dije a mi hijo que dejara a las madres, pero ellas insistieron en que se quedara. Resuelve conflictos, es una habilidad que tiene. En el cole, ya *en P3, las maestras nos decían que no le enseñáramos en casa a hacer tantas cosas. Pero es que en casa no le enseñábamos nada, lo hacía él.* Lo que sí pasaba es que *mordía mucho, lo sacaba todo por la boca. La rabia, todo lo que fuese, lo sacaba por la boca.* No íbamos al parque porque mordía a otros niños, pegaba y mordía, también en clase. En casa lo marcábamos mucho. La profesora se enfadaba muchísimo. Estábamos muy preocupados, hasta que una mamá, maestra de otro cole, nos dijo que esto se le pasaría en P5, y así fue. Pero fue todo un drama, en el cole era un constante ¡este niño muerde! No sé qué pasaba en el cole, quizá *cuando el niño no podía hacer más se ponía nervioso,* es lo que dedujimos. Y sé que las emociones salen mucho por la boca, *morder es muy emocional en todos los ámbitos del enfado*, cuando quieres mucho o cuando tienes que decir o hacer algo y no puedes. Pero lo marcaba, no lo justificaba para nada. Ahora ya no muerde, ahora es pacifista, y eso también nos trae muchos problemas. De un extremo a otro, **nunca ha tenido grises**. Y en el cole, con la primera profesora, no sé qué pasó, pero todos los niños tuvieron algo. Desde P3 está yendo a la misma escuela concertada, pero no estoy muy contenta. Tuvo muchos conflictos con la de P3. Él *solía hablar de la muerte* y de otros temas así, *en los momentos más inesperados*, que siempre te pilla a contrapié. Eso siempre lo ha tenido, hemos hablado mucho en casa. Fíjate que habla del yayo que no conoció, que falleció antes de que él naciera, y dice que vaya, que eso no se hace, que es injusto que no le hubiera esperado. Esa es la otra, *su justicia y las injusticias*. Pienso que a mis hijos los tratamos desde niños como niños, no como oligofrénicos. Como personas, sin más, y se les tiene que hablar de todos los temas. Tampoco he hablado con ellos a medias tintas. Nunca quiso chupete ni manta ni nada. Se enfadaba mucho porque la maestra le decía que con el punzón tenía que pinchar dentro de la línea y él siempre se salía. La maestra se enfadaba siempre con él. En fin, que si Dalí hubiese tenido esa profesora no sé qué hubiera pasado. Yo le decía que le demostrara que lo sabía hacer bien. *Ponerle el reto*. Pero, claro, era complicado. Él decía que no lo entendía. Lo apuntamos en P4 a inglés. Decía que iba bien; era un método repetitivo, pero no decía nada. Un día fuimos a las puertas abiertas, todos los niños estaban cantando la misma canción y dando vueltas, y va y *lo ves a él en un rincón*. Pensé que lo tenía que sacar de allí. Lo apunté a robótica y desde entonces muy bien. Ahora empieza a aburrirse porque quiere más caña y no se la dan. Cuando le hicieron el diagnóstico se lo comenté a la profesora. Pero este año insiste en que quiere apuntarse a algo más, a programación o a 3D. Ya veremos. Cuando empezaron a leer, la maestra insistía en que el niño no iba a aprender nunca, que no tenía ningún interés. Pero, claro, los libros no tenían ningún interés. Le empecé a comprar cómics, el tema de los superhéroes le interesa mucho. Y esos se los miraba. Tampoco sin demasiado entusiasmo, pero sí. El libro que más le interesó fue *Harry Potter*. Con tres años vimos juntos toda la saga en película y lo entendía perfectamente. Ahora pienso que con tres años quizá era demasiado pequeño, pero es que lo entendía todo. Yo le dejaba, lo hablábamos. Mejor que cualquier dibujo animado. *Siempre ha tenido un vocabulario muy amplio.* Con cuatro años me cogí una semana de vacaciones y escogimos un plan, siempre he intentado buscar ratos a solas con uno y con otro. El primer día, museo de ciencia; el segundo, museo del chocolate y así. Y va y me propone que por qué no pasábamos un día sin hacer nada, estirados en la cama diciendo tonterías y cosas escatológicas como culo y pis. Escatológicas... Lo utilizaba ya con cuatro años y sin saber leer. En el cole ya sabía sumar cuando los otros empezaban, ya sabía multiplicar al poco tiempo, preguntando qué es esto, de ahí pasamos al qué es esto de dividir y a hacer raíces cuadradas. Y sabía elevar al cuadrado y hacer raíces cuadradas no haciendo la caja, sino que tú le decías 81 y él calculaba mentalmente, multiplicaba hasta sacarlo. Se divertía volviendo a casa haciendo cálculo mental. Me lo pedía él. Y claro, las profesoras diciendo que no le enseñara tanto. Pero para él todo iba bien. Eso sí, cuando hacíamos algo, era o el mejor día de su vida o el peor día de su vida, *no tiene término medio.* Aun encontrándose mal haciendo algunas cosas en el cole, nunca se quejó de nada. Un día me desperté a eso de las cuatro de la mañana y me lo encuentro en el sofá. Le pregunté qué hacía ahí y me dijo que le dolía mucho el oído, tenía una otitis tremebunda. Le pregunté que por qué no me había despertado y va y me dice que para qué, que *el dolor es suyo,* que para qué me iba a despertar. *No se quejaba de nada.* En primero o segundo de primaria, la tutora adelanta un poco la reunión porque le preocupa, pues no atendía en clase, estaba muy payaso, no hacía caso. Hablamos con él, le dijimos que debía comportarse bien. Y mejoró, hasta la profesora nos lo comentó. El tema es que *es un niño que hace caso, le dices las cosas razonadamente y lo entiende.* Pero si no lo comparte o no se lo explicas bien, no lo hace. Se relaciona bien con los amigos. Tiene un amigo más especial desde P3, su mejor amigo, es un niño que tiene también altas capacidades, es como su *alter ego,* pero últimamente han tenido muchos problemas. Él es bastante manipulador, tiene otro carácter, mi hijo se adapta a lo que dice y hace. Este amigo zanja las discusiones en clase diciendo que es más listo que el resto porque lo dice él. O sentarse en el autobús a su lado implica que los otros hagan lo que les pide. Manipula bastante. Hasta ahora mi hijo, como tiene un gran sentido de la amistad, ha ido haciendo todo lo que le ha pedido. Ellos se entienden a su manera. Pero el tema es que en clase mi hijo dejó de hacerse el gracioso, y desde ese momento hubo niños a los que ya no les interesa y *han pasado a meterse con él*. Su íntimo hace que sea así. Fue visitado también por una psicóloga, pero nadie vio nada. Nadie notó que mi hijo podía ser de altas capacidades, muchos profesionales no supieron lo que le pasaba. Y es muy obvio, si hablas con él. Tampoco me gusta el estigma este de patología que crea un diagnóstico. Yo lo sospechaba, pero no me lo había dicho nadie. Hasta ahora. Hace poco hicimos el diagnóstico y se corroboró. *El diagnóstico me ha servido para que le hagan algo en la escuela.* Ahora lo que queda por hacer es lo más duro. En el centro de diagnóstico dijeron: es altas capacidades con superdotación y talentos múltiples. *Lo que más me preocupa* es *la parte emocional*, la del final, la que está peor. Él sigue yendo al centro de diagnóstico cada 15 días, le gustaba más la parte de las pruebas, pero le va muy bien ir, va contento. En el momento de los resultados pensé que saldría un talento en algo y ya está. El CI está en 141 aproximadamente, se esperaban más, pero no quisimos repetirlo. Por áreas, todos los percentiles eran superiores a 90, lo más bajo 92, el resto 99, era increíble. Me tranquilicé comprobando lo que ya sabíamos. Lo que más me preocupa es su parte emocional y a nivel social en el colegio con los compañeros, la autopunición y el autoconcepto. Pero a lo que iba: últimamente no duerme bien. *Se siente como que no es aceptado por sus compañeros de colegio.* Ya en tercero, el tema de deporte no le va mucho, pero se apuntó a baloncesto, aunque él prefiere el ajedrez como deporte. *Siente que no encaja con nada ni con nadie. No tiene amigos.* Por eso decidió apuntarse a baloncesto, porque los más guais practican este deporte. A principio de curso tuvo una mala experiencia. Decidió no ser ya la marioneta de su amigo ni de nadie. Entonces un día, al acabar el entrenamiento, lo encerraron en el vestuario, le quitaron la ropa y le apagaron la luz, algo muy triste. Lo que más le dolió es que fuese su amigo el que lo organizó todo. Y le apagaron la luz, que es lo que más temía. Fue un mal trago. Le dijo a la maestra lo que había pasado. No se gestionó bien. Desde ese momento tiene la sensación de que no vale nada, que no lo quieren, que no va a llegar a nada. Además, solo iba a los entrenamientos y no a los partidos, pues, según los compañeros, les hacía retrasar y perder. Mi hijo no quiere que nos preocupemos, *es un niño que se siente responsable de todos, que no quiere que sufran los demás*, es muy extremo. Se abordó en su clase y mi hijo perdonó al compañero para que no sufriera más. La profesora lo empoderó bastante. Se fue sintiendo mejor, acabó tercero y al irse de vacaciones se reencontró con sus amigos de verdad, con los que se relaciona muy bien, que nada tienen que ver con los *compañeros* de clase. Son mayores que él. Esos sí son sus amigos, los que él escoge y los que le permiten ser como es, tal cual es. Dice... *ese soy yo, y no el personaje que he construido para el cole, que es otro, que es el que está allí*. Al comenzar cuarto, tenía la sensación de que no estaba bien. Las niñas dijeron que en los patios los niños le pegaban. Se lo comentaron a la profesora, pero no hizo demasiado. Le han seguido haciendo putadas, le esconden cosas, no juega con nadie en los patios, lo he visto en un rincón. Pero la maestra no ha hecho nada. Finalmente decidimos hacer las pruebas de altas capacidades, después de Navidad le dieron el diagnóstico y fuimos a hablar con la maestra. Insistimos en que él lo estaba pasando mal, que sabemos que quizá *tiene una manera exagerada de sentir*, pero no está bien. *Su respuesta fue que los niños son malos, que ella llevaba más de treinta años en esto y que no van a cambiar*. El problema son los niños, que se toman las cosas demasiado a pecho. Esa fue la respuesta. No era bullying porque no hay intencionalidad, eso dijeron. *En cuanto al diagnóstico, dijo que era un problema*, que qué iban a hacer, que no le correspondía a ella, que se lo pasaría a la psicopedagoga. Pero *han pasado cinco meses y nos dan largas*. No queríamos ser pesados, ellos piensan que quizá somos padres de un niño que queremos que sea muy inteligente, que queremos que le pongan la alfombra roja. Pero la realidad es que *nuestro hijo lleva meses con somatizaciones (dolores de estómago, vómitos sin vomitar, entre otras cosas), tics, le duele el brazo izquierdo (y es zurdo), le han vuelto los miedos y se quiere muy poco*. El pediatra que lo lleva nos dijo que estaba pidiendo ayuda a gritos. Además, que consideraba que tiene altas capacidades (cuando ya estaba diagnosticado, pero no se lo habían dicho). ¿Por qué no vio nada ninguno de los maestros, psicólogos y psicopedagogos de la escuela?

¿Cómo es posible que en el cole no lo vieran conociéndolo de tantos años? En el colegio, rodeado de profesionales y nadie lo ha detectado. En la última reunión, conseguimos que la psicóloga del centro de diagnóstico hablara por fin con la psicopedagoga de la escuela, la tutora y el jefe de estudios. ¡Después de cinco meses! Hicieron primero una reunión de profesionales y luego otra con nosotros, la familia. Se disculparon por el tiempo que habían tardado, pero, claro, era necesario pensar bien qué hacer. Además, nosotros deberíamos haberle llevado antes a diagnosticar. La culpabilización del entorno es habitual, ya me he acostumbrado. *Últimamente es que no quiere ni aprender.* Le regalamos un juego de robótica, pero no tiene ni interés. *Siente que le hemos engañado porque siempre le hemos dicho que iría al colegio y que aprendería, y no es así. No me han enseñado, estoy harto de decepcionarme, porque cada vez que me ilusiono el golpe luego es muy grande. Se siente discapacitado, como un compañero que tiene. La diferencia es que a él le cuesta mucho y yo no aprendo nada. Me repiten las cosas y me aburro, intento ir más allá y no me dejan. Se ríen y me pegan. Al final he decidido ir allá y pasar el tiempo. No me quieren, o sea que no haré nada y así me querrán los otros. No voy a aprender, me consideran el listillo y por eso ya no levanto la mano para preguntar más cosas. La maestra no sabe algunas cosas que yo sí sé y me pone en ridículo.* El otro día me dijo que las notas negras no existían, cuando yo le dije que lo habíamos hablado ya con mi padre porque estudió música. Me ridiculizó delante de los otros, me hizo quedar mal y encima no tenía razón. Se está convirtiendo en un fracaso escolar. Cuando le pregunté a la psicopedagoga si había hablado con él, me dijo que no era necesario porque ya lo había visto en clase y no estaba mal, que no había para tanto. Ella debía ser la persona de conexión. Pero no ha hecho nada para hablar con mi hijo. *Firmamos el PI, pues no lo quieren acelerar en la escuela.* Él se quiere cambiar de colegio, lo han pedido al EAP,[1] al Consorcio, hablaron con él, pero no han aceptado la propuesta de cambio. *Están mirando otra escuela donde tengan por lo menos cierta sensibilidad y que simplemente quieran ayudarlo. Y que, si no saben del tema de las altas capacidades, que*

---

1. Equipo de asesoramiento psicopedagógico.

se preocupen de buscar información. Pero depende mucho de las plazas y el departamento nos dice que no es posible. El gabinete de diagnóstico también ha recomendado un cambio de escuela. Estamos a la espera de saber qué hacer. De momento queremos dar un voto de confianza a la escuela, no nos queda otro remedio. Nos han dicho que nos harán un PI bien hecho, con adaptaciones curriculares que le irán bien. Veremos a ver qué pasa.

Para comprender más...

Lo comentado respecto al anterior diamante lo podemos incluir aquí, solo que en este caso la escuela niega que se haga **bullying** porque «no hay intencionalidad». ¿Qué esperan? Hay intencionalidad cuando le quitan la ropa y se ríen de su situación, cuando lo ridiculizan, insultan y aislan, excluyéndolo del grupo. Esa desesperanza que siente el niño, esas emociones que le surgen ante el acoso, el miedo y la vergüenza por ser como es... Quiere cambiar y dejar de ser listo para que lo quieran. Cuando en la escuela se le debería dar un espacio de seguridad, todavía lo hunden más. En lugar de activar un protocolo para intervenir en este caso, se castiga al acosado, incluso ridiculizándolo.

Vemos en este caso un **pediatra sensibilizado** que ayuda a los padres a comprender a su hijo, con apropiadas orientaciones sobre lo que puede ser. De ahí la necesidad de que los servicios de atención primaria tengan formación sobre las altas capacidades y los protocolos de actuación, para poder detectar estos casos en niños y adultos.

Observamos la situación de un niño preocupado por la justicia, por la muerte y por características que se irán repitiendo en cada capítulo. **La muerte**, ese interés apreciable desde edades tempranas en las personas con altas capacidades. La muerte, el sentido de la vida, su origen, la creación del planeta, esa dimensión espiritual, trascendental, transpersonal que está presente durante toda la vida. La dificultad radica en los adultos, en responder a sus preguntas, pero ocurre que muchas veces resultan muy incómodas. Lo que importa precisamente es responderlas con sencillez y tranquilidad, darles explicaciones, hablar con ellos y calmar ese sentimiento que tienen muchas veces

de afrontar el hecho de que la muerte forma parte de nuestra vida, un sentimiento que también está presente en los adultos. Pero, claro, en sociedades en las que se ignora, se esconde y no se trabaja en las escuelas con ese concepto de vida y muerte, difícilmente será trabajable.

Otro aspecto común con el caso anterior y con muchos otros, en niños con altas capacidades, es que tengan ciertos **tics** en momentos diferentes de su desarrollo. En este caso, como una mamá del colegio explica, se le pasará de aquí a un par de años. También, *el pediatra que lo lleva les dijo que* **estaba pidiendo ayuda a gritos**. Los tics suelen remitir, pero, si persisten, debe consultarse con el pediatra y descartar cronicidad u otro trastorno, como el de Tourette. En los niños y niñas suelen ser una manifestación de las situaciones tensas que se dan a causa de preocupaciones, circunstancias estresantes, frustraciones, desengaños o incomprensión de las situaciones que se producen en entornos de relación social. La baja autoestima y un autoconcepto castigado están relacionados. ¿Cómo afrontarlos? Muchos adultos se ponen muy nerviosos al verlos aparecer en sus hijos, pero no es aconsejable insistir al niño diciéndole que deje de hacerlos; cuanto más se le diga más lo hará, de forma inconsciente, pues no lo hace voluntariamente.

A pesar de ser un niño con buenas habilidades sociales y que sabe gestionar conflictos, lo que más preocupa a su madre es el **aspecto socioemocional** de su hijo en la escuela: *Se siente discapacitado, como un compañero que tiene. La diferencia es que a él le cuesta mucho y yo no aprendo nada. Me repiten las cosas y me aburro, intento ir más allá y no me dejan. Se ríen y me pegan.* La consecuencia es **baja autoestima y autoconcepto dañado**. En este caso, el problema no radica en el niño sino en el entorno escolar; tiene amigos en otros lugares y disfruta con ellos. Pero, si se le daña tanto su autoestima, difícilmente puede relacionarse sin miedo en la escuela. Hablar de emociones implica hacer referencia a la dimensión afectiva del ser humano, la cual se refiere a un mundo de vivencias íntimas y subjetivas que hacen que nuestra posición ante la realidad no sea neutra. Implica abordar los térmi-

nos de autoestima y autoconcepto. La **autoestima** se relaciona con el sentimiento que la persona tiene de su propia valía, con lo que percibe sobre ella misma y sobre su dignidad. Esto ejerce una enorme influencia en nuestro vivir, impulsando —o no— la propia autorrealización. Es ese juicio personal, la evaluación que se hace sobre uno mismo de lo que se cree capaz de hacer o no. Cuando es positiva, le da mayor autonomía, asume responsabilidades, es capaz de afrontar frustraciones y más retos, se enorgullece de sus logros y consigue ser más afectuoso con los demás. Pero, si es negativa..., siente que los otros no le valoran, se deja influenciar fácilmente, desprecia sus dotes naturales, está a la defensiva, se frustra con facilidad, se siente con muy poca valía, impotente, sus emociones se dañan. Eso está relacionado con el **efecto Pigmalión negativo en la escuela**, o profecía de autocumplimiento. El concepto proviene de los investigadores Rosenthal y Jacobson, que en 1966 acuñaron este término a raíz de los resultados obtenidos de una prueba realizada en una escuela a niños de primaria y a sus profesores. Separaron a los niños en dos grupos; a los profesores les dijeron que uno de ellos estaba formado por alumnos con un CI muy alto, y el otro con un CI normal o bajo. Eso no era cierto, pero lo sorprendente es que los investigadores descubrieron que, al cabo de un tiempo, el grupo que supuestamente tenía más capacidades consiguió resultados mucho más altos que el otro, que bajó en rendimiento. El hecho de creer en las capacidades superiores de uno de los grupos, de tener unas expectativas altas con respecto a sus logros, hizo que los profesores creyeran más en sus posibilidades y en su éxito. De ahí la profecía de autocumplimiento. Para que ello suceda, el profesor debe dar señales de esas creencias y expectativas, y ser recibidas por el alumno. Eso se produce en una situación de interrelación durante el aprendizaje. En este caso vemos que las señales de la maestra y de los compañeros hacia nuestro violín sobre sus capacidades, sobre él mismo, son negativas, por lo que se produce un **efecto Pigmalión negativo**, una falta de reconocimiento del niño en la escuela: se ignoran sus capacidades, lo que comporta esa imagen de fracasado. El **autoconcepto**, por su parte, se refiere a las propias percepciones y

creencias que tiene la persona, a los atributos, cualidades, defectos, capacidades y relaciones que la persona percibe como descriptivos de sí mismo y como narrativas de su identidad, y eso implica creerse o no capaz, valioso, exitoso. Fijémonos aquí en su decisión: *Al final he decidido ir allá y pasar el tiempo. No me quieren, o sea que no haré nada y así me querrán los otros. No voy a aprender, me consideran el listillo y por eso ya no levanto la mano para preguntar más cosas. La maestra no sabe algunas cosas que yo sí sé y me pone en ridículo.* Precisamente, nuestro violín decide cortarse sus hermosas alas para poder convivir en la escuela, ocultando sus capacidades para que lo dejen tranquilo y sobre todo para que lo acepten, tanto compañeros como maestras. Percibe su narrativa identitaria como incapaz, poco valiosa a pesar de sus cualidades, para estar ahí, y decide inhibirse intelectualmente, lo que se denomina **complejo de albatros**, negando sus verdaderas capacidades para ser o parecer lo que los otros esperan de él. Como las alas del fantástico albatros, las más grandes que tiene cualquier ave marina, y que precisamente está en peligro de extinción. Si ya en la escuela se permite que se extingan estos niños, ¡qué triste!, cabría una profunda reflexión.

Y así va, llevándole su baja autoestima y sus miedos a sentirse un impostor por no ser el que es en realidad, por miedo a que descubran los demás que en realidad es un fraude, un impostor. Así es como se siente tras experimentar ese constante dolor y sufrimiento: *Ese soy yo, y no el personaje que he construido para el cole, que es otro, que es el que está allí.* El **síndrome del impostor** es otro de los que conviven muchas veces con personas con altas capacidades. Que los demás vean a nuestro violín como el listillo, el que sabe cosas que ni siquiera sabe la maestra, les produce cierto desprecio hacia su persona. Él siente que es diferente y que no es comprendido por los demás. Se ve como un impostor. Piensa que cualquier día se revelará su «nulidad», que los demás se darán cuenta de que en realidad no está capacitado ni es tan hábil como le consideran. Hacer unos test puede aliviar esa sensación, pero no acaba con las incertidumbres respecto a sus capacidades, y más si recibe mensajes de este tipo desde el exterior. Si tiene

la posibilidad de conseguir una cierta confianza en sí mismo, quizá esa sensación irá menguando, pero esa sombra estará a menudo con él y saldrá en los momentos más inesperados. En este caso vemos también que intenta prever esa situación: se adelanta a lo que puede pasar y su rendimiento baja.

¿Qué hacer?

El hecho de no valorar las capacidades, la diferente forma de funcionar de las personas con altas capacidades —no olvidemos que piensan y sienten de manera distinta al resto—, e intentar ajustarlas a lo «normal», trae consecuencias contraproducentes para estas personas, llegando a negar sus capacidades. Si no ha sido detectado, se tiende a no comprender ciertas situaciones, ciertas características de una persona con altas capacidades. En este caso vemos cómo este niño presenta una autoestima baja. Al tener el diagnóstico, la autoestima puede mejorar, aunque, si no se desarrolla, vuelve a bajar. Sería interesante seguir estas pautas en las escuelas, también para **trabajar la autoimagen** positiva de cualquier alumno:

♪ Ofrecer un ambiente basado en la tolerancia, atendiendo con respeto a la diversidad.

♪ Dar un buen trato al alumnado, sea como sea, con sus peculiaridades.

♪ No juzgarlo.

♪ Colocarse en su lugar.

♪ Ofrecerle la oportunidad de que manifieste su manera de ser y sus propios intereses, y de que se desarrollen sus capacidades.

♪ Manejar los conflictos de forma creativa, en situación de igualdad.

♪ Comunicarse más que hablar. ¡A veces es tan importante el cese de palabras!

Por otra parte, y aunque no suficiente, es interesante como propuesta trabajar los aspectos socioemocionales de los escolares a través de las inteligencias múltiples. Para ello se han identificado algunos indicadores que caracterizan a los centros educativos que han tenido éxito en la puesta en práctica de **ideas basadas en el trabajo de las inteligencias múltiples** (Gardner, 2001)[2] como instrumento:

♪ **Disposición.** Poner en marcha procesos que aumenten la conciencia de las ideas de las IM y de los métodos para ponerlas en práctica.

♪ **Cultura.** Las prácticas de las IM tienen más probabilidades de prosperar en contextos que fomenten la diversidad de los estudiantes y un trabajo serio y constante.

♪ **Colaboración.** Contactar con personas que compartan experiencias e inquietudes similares, tanto dentro de la escuela como fuera de ella, que ayudarán a mejorar los procesos de cambio.

♪ **Opciones.** El currículo y la evaluación del desarrollo y el aprendizaje del alumnado debería flexibilizarse.

♪ **Instrumentos.** Las IM deberían emplearse como medio para fomentar en los estudiantes el gusto por la calidad en el trabajo. Funcionan mejor cuando se integran con resultados que gozan del aprecio general.

♪ **Arte.** Un programa rico en disciplinas artísticas que asuma un papel importante en la escuela. De no ser así, será difícil activar toda la gama de inteligencias de los estudiantes y de los enseñantes.

Con la *Danza española op. 37, n.º 2, «Oriental»* de Granados, interpretada por David Oistrakh (violín) y Abram Makarov (piano), junto a las pinturas de Albena Vatcheva, te aproximarás al intenso movimiento de violines del diamante 5.

---

    2. Gardner, H. (2001), *La inteligencia reformulada. Las inteligencias múltiples en el siglo XXI*, Espasa, Barcelona, pp. 195-196.

Diamante 5

Movimiento de violines

12 años. El segundo hijo, un caso de talento lógico-matemático... y también en las otras áreas.

«Dos y dos siempre siempre serán cuatro, mami; no quiero hacer más fichas»

(P5 con 5 años recién cumplidos).

Le gusta la música triste, el sonido del violín de las series anime. Tiene ese punto melancólico desde siempre. En cuanto te descuidas está en su mundo. Vamos a Norma Cómics y se quedaría toda la tarde inmerso allí, leyendo. *Las injusticias* le vencen. Le gusta la coca-cola y para nada viajar, prefiere ir en coche que caminar; *de pequeño, cuando íbamos de vacaciones, necesitaba contar los días que quedaban para volver a casa. Es muy desordenado, pero tiene su propio orden.* Ahora, mirando hacia atrás, me doy cuenta de muchas cosas, ya chocaba su actitud. Nació por cesárea, pero al mes empezó a tener taquicardias, que luego quedaron en nada. *No era de comer demasiado, muy movido, se movía mucho, curioseaba. Tiene una chispa única, es amable con la gente, sociable. Las otras familias no han entendido demasiado la situación de mi hijo.* Si hubiera sido un niño con problemas o enfermedades quizá no me habría costado tanto explicarlo. *Me preocupa el futuro, cómo le irá, queremos que sea feliz con su grupo de amigos. Le gusta estar más con mayores que con niños pequeños. Manías como las etiquetas de la ropa que pican... La relación de celos con su hermano está.* De hecho, nos costó bastante explicar al mayor las altas capacidades de su hermano, pues él no está diagnosticado, pero creemos que también lo es, tanto nosotros como los profesionales del centro de diagnóstico que hicieron las pruebas al pequeño, aunque quiere pasar desapercibido, no quiere saberlo; *es hipercrítico, tiene una memoria fotográfica increíble, sus habilidades sociales no son tantas;* de hecho, *siempre ha llamado más la atención el hermano mayor en cuanto a ser inteligente.* Pero él *es movimiento continuo.* Quiere ser físico, investigador, pero va cambiando. Cuando no sabíamos qué le pasaba, sentí incertidumbre, miedo; cuando le estaban haciendo el diagnóstico pensaba cómo se sentiría, cómo se adaptaría, pero a él no le preocupa nada, actúa dentro de la normalidad. Antes de que tuviera un año dijo que ya no quería llevar pañal. Se lo quitaba cuando iba a dormir y luego yo se lo ponía, sin que se diera cuenta, aunque a la mañana siguiente no estaba mojado. Tenía un hijo ya, y tres años y medio más tarde vino él. *Veíamos una habilidad especial, ya sabía multiplicar a los tres años y medio*, pero simplemente nos hacía gracia. Luego nos dimos cuenta de sus habilidades. Siempre lo achacamos a que tenía un hermano mayor y que por eso iba más rápido, nos hacía gracia porque pensábamos que imitaba al hermano mayor. Este niño es muy pequeño para contar, me dijo una vez una señora en la cola de la compra del supermercado cuando él empezó a calcular con tres años y medio lo que le costaría la compra. *A mí me daba como vergüenza que se hiciera público.* Con cinco años se dio un golpe en la boca y tuvimos que ir al dentista porque se partió un diente; él recomendó prepararlo por lo pequeño que era, pero mi hijo le dijo: mire, yo abro la boca y usted simplemente tiene que estirar y quitarme el diente, me quedaré quieto. Claro, el dentista quedó muy sorprendido por su razonamiento, siempre *ha tenido un sentido práctico muy claro.* Primero era muy gracioso, luego se nos giró al revés. *Lo que hacía gracia entre hermanos o amigos, luego fue visto como un niño diferente, extraño. Rarito.* Muy espabilado pero muy movido, muy pequeño para que marcase las cosas que quería. En P3 la maestra nos hizo darnos cuenta de cómo escribía. Un lunes, después del fin de semana, quería escribir una frase, «hemos ido a la montaña», y quería saber cómo debía hacerse el sonido de montaña; la maestra no le dio importancia porque, como es de esperar, los niños de tres años ni preguntan eso ni pueden hacerlo... Le dijo: déjalo para más adelante, ya lo haremos. De hecho, él ya escribía los nombres de sus compañeros, pero *era la primera vez que escribía una frase. En P4 hacía operaciones complejas, multiplicaciones*, etcétera, a él *le gustaban los números, los juegos de cartas*, en casa le poníamos ejercicios porque lo pedía y para comprobar que acertaba, pero luego seguía pidiendo y a nosotros nos costaba seguirlo. En el colegio nos decían que sí, que sería por casualidad, pero que era demasiado movido. Eso es lo que le preocupaba a la maestra. Además, tenían la idea del hermano mayor, muy cuidadoso, tranquilo, y él quería acabar pronto. Nos ha pasado que cuando la maestra ha sido más joven, lo ha entendido mejor, se ha preocupado más. *En P4 acabó muy agobiado,* en el informe final no se reflejaba lo que podía hacer, el típico ítem de «cuenta de 1 a 10 muy bien», pero él hacía ya operaciones complejas y eso no se reflejaba en ningún lugar. *En P5 nuestro mensaje era pórtate bien,* encontramos también una profesora mayor que remarcaba ese carácter de él de querer acabar rápido, de querer acabar las cosas... Le dijimos: pero ¿has visto las habilidades que tiene con los números? Bueno, eso a veces pasa, fue su respuesta; un día no quería entrar en clase, decía: **dos y dos siempre siempre serán cuatro, mami; no quiero hacer más fichas, no sirve de nada, no quiero entrar.** Entró, pero se quedó mal; fui a comprar y volví al colegio, escuela concertada muy familiar. Les dije que se nos estaba escapando algo y que había que mirarlo. La escuela se puso en marcha y lo empezó a mirar la psicóloga al comenzar primaria. En septiembre dejaron un margen para que él se adaptara, *pensaban que como los contenidos eran más reglados y «complicados», él ya tendría suficiente.* Pensaba que todo iba bien, pero en octubre muestra un carácter déspota, desmonta la actividad de matemáticas que quiere hacer su profesora, pues él da la respuesta antes de explicarlo, *la quería retar constantemente, y su actitud, con los niños mayores de cursos superiores, era también de retarles. Aquí empezó la psicóloga a mirarlo.* Antes de diciembre el diagnóstico apuntó a ser de altas capacidades, se le derivó a un centro especializado y se confirmaron las altas capacidades con un talento lógico-matemático; descartaron la precocidad intelectual. *En las otras áreas no se confirmó nada, pero la maestra de primero y segundo sospechaba que sí.* Esa maestra, joven, lo supo llevar muy bien. *Mientras se le hizo el diagnóstico, en las sesiones se lo pasaba muy bien,* luego se le ofrecían diferentes actividades de las que salía encantado. *Talleres de matemáticas y de robótica. Leía muchos libros, le interesaba más la cantidad.* Se le *enriqueció el currículo en la escuela a través del PI, mejoró las matemáticas y salió de clase para ir a segundo curso.* Se nos ofreció una terapia para la familia, no la seguimos, aunque ahora considero que nos hubiera ido bien. En su misma aula había otro niño también diagnosticado de altas capacidades, pero a él se le avanzó un curso, de P4 a primero. Desde el momento en que se le enriqueció el currículo, su actitud cambió, se relajó, ya no era déspota con la maestra. Al contrario, ¡la ayudaba y mucho! Había comenzado a hacer atletismo, todavía sigue, además de un taller de matemáticas los viernes, nada más que para niños con altas capacidades. Su momento de la semana era aquel. Después cambió a robótica. De hecho, fuimos siguiendo al profesor que lo hacía, fue clave. Todavía sigue ahora, aunque cerca del barrio, está abierto a hacer muchas cosas. El ajedrez le encanta, pero no hay sitios preparados para las altas capacidades. Quiere hacer japonés, le encanta el manga y las series, que escucha en versión original con traducción al inglés; en realidad, está aprendiendo ya desde hace tiempo, pero ahora quiere ir a una academia. En atletismo no destaca nada, pero le gusta. En tercero no podía salir a hacer las matemáticas, se tenía que quedar en clase, pero no le iba bien, pues escuchaba a los otros. De hecho, *los ruidos le molestaban mucho, tenía una alta sensibilidad a los ruidos, le desesperaban,* y todavía ahora le pasa. En primaria, en la escuela, tuvo que hacer un gran esfuerzo para concentrarse y adaptarse, y ahora todavía más en el instituto. En tercero, con una profesora mayor, nunca le fue bien. Comenzó a decir que quería irse a hacer toda la clase de cuarto curso, que se aburría mucho, además le preocupaba qué haría en sexto. Desde P4, *el tema del aburrimiento era una constante, aún ahora.* Para él, incluso el instituto es una tontería, es muy aburrido. Y se queja de ese continuo aburrimiento.

Eso sí, siempre ha sido muy movido. Pienso que, gracias a que tenía ya este diagnóstico, no se le hizo el de TDAH, porque si no, *tenía todos los puntos para ser diagnosticado como hiperactivo.* ¡Tener el diagnóstico a tiempo nos salvó de eso!

Lo que decía: en tercero la maestra cambió, esta no tenía tanta *sensibilidad* con su situación, con su ritmo, con sus habilidades. Volvía a estar aburrido. *Él siempre nos ha estado dando mensajes, directos o indirectos.* Nosotros creíamos que todo estaba bien, pero no era así. *Siempre que decía «estar aburrido» era un mensaje a tener en cuenta.* Él mismo pidió a la psicóloga hacer «algo más». Ella nos reunió y planteó varias opciones: hacer más adaptaciones (aunque la escuela comentó que no podía hacer más de lo que ya hacía), cambiar de escuela yendo becado (pero era una escuela fuera del barrio, de élite) o hacer la aceleración. Es cierto que cada niño necesita algo diferente, que hay que explicarlo bien, pero nosotros queríamos que los hermanos fueran juntos. *El tema de las escuelas no está resuelto para estos niños, no están preparadas. Finalmente, se le aceleró de curso.* Fue un éxito, sí; antes le explicamos las opciones y con ocho años estuvo totalmente de acuerdo para hacerlo, *pasó de cuarto a sexto.* Tuvo muy buenas notas y se le siguió adaptando en el área de matemáticas. Únicamente en ortografía tuvo alguna dificultad. *Los hábitos de estudio, el descontrol de agenda, el despiste, perder cosas, pero eso es algo con lo que siempre ha tenido problemas.* Necesitará alguna sesión de hábitos de estudio. *En las matemáticas va directamente al resultado, más que al proceso, es intuitivo;* de hecho, hace programación y le ayuda en este proceso. Ahora *ha aprendido a aceptar el ritmo de los otros, a contenerse,* a aguantar que el otro hable, haga, se regula más, no se queja tanto de eso, pero sigue aburriéndose.

Está en el instituto, hace segundo en una escuela concertada muy grande, pero, según él, lo que hacemos es una tontería, podríamos pasar de curso porque lo que nos enseñan ya lo sabemos. En primero sí que se lo pasaba bien, el primer trimestre, pues trabajan por proyectos y era una novedad para él. Suspendió una asignatura, simplemente porque olvidó entregar un trabajo, era la primera vez. Coincidieron allí tres niños, dos diagnosticados y una que estaba en ello. Ahora bien, en la escuela no tienen experiencia. La tutora ya nos dijo que no tenía experiencia sobre el tema, pero que mi hijo podría estar haciendo las matemáticas de bachillerato. Intentó mirar material, libros, hablar con los de coordinación, pero en realidad no hacen nada, porque ahora mismo resulta que está en segundo y no se ha hecho nada todavía, aunque ellos dicen que hacen enriquecimiento. En primero firmamos un PI, pero en segundo aún no. El año pasado les daban más materia, ampliaban proyectos, pero este curso todavía no se ha comenzado a hacer gran cosa, solo cosas puntuales, pero en el día a día no. Tenemos reunión con la tutora. Pero tememos que empiece con el aburrimiento.

Poco después, la familia tuvo una reunión con el centro educativo. Reconocieron que no habían pensado cómo atender las necesidades derivadas de estos alumnos, así como la poca formación y conocimiento sobre las altas capacidades, e incorporaron una formación dentro del programa de reciclaje de los profesores durante el verano. Aunque el curso siguiente comenzó sin un plan general de intervención —continuaron con planes específicos—, estaban mucho más abiertos a atender las necesidades de estos alumnos y a mejorar la comunicación con las familias. Así siguió un curso más, pero hacia marzo llegó el Covid-19, con el consecuente confinamiento...

Para comprender más...

La **formación del profesorado** sí es necesaria, pero no de forma puntual o porque llegue un alumno y se tenga que hacer algo; eso está bien, pero no es suficiente. Sería preciso poner esta **formación sobre la atención de las altas capacidades** dentro del currículo universitario y en programas de formación permanente; pero, además, ello debe implicar una continuidad a modo de supervisión sobre la puesta en marcha de herramientas y estrategias, e incluir **formación emocional del propio profesorado**, con el fin de que se **sensibilice**. Recordemos que, legislativamente, las altas capacidades están recogidas dentro de la atención escolar a la diversidad. A pesar de los años transcurridos, sigue siendo un tema candente y pendiente. La inteligencia, las capacidades de los alumnos en general, pueden y deben mejorarse estimulándose adecuadamente desde los diferentes contextos de desarrollo de una persona; en caso contrario, estamos expuestos a que se anquilosen, se desperdicien y empeoren. Debería trabajarse proponiendo objetivos, metas y retos constantes en las experiencias vividas en la sociedad, en la escuela, en el trabajo, en la vida diaria. Para ello es necesario actuar coordinadamente incluyendo a todos los actores. No basta con hacer un **Plan Individualizado (PI)** —sea metodológico o curricular—, donde se registren con el máximo detalle las metodologías y las estrategias o contenidos modificados que se van a poner en marcha con un alumno —ojo, con la finalidad de favorecer su aprendizaje—. Además, es necesario implementarlo, ponerlo en práctica y sobre todo evaluarlo y actualizarlo. Pero eso es algo que en demasiadas ocasiones tampoco se ejecuta de esta manera. O no se aplica, o se queda obsoleto a lo largo de los años escolares.

Y otra cosa que muchas familias me comentan: estas deben estar de acuerdo con esas medidas; hay centros en los que se les incluye, pero no son demasiados. Han de estar de acuerdo, firmar el documento (el alumno en cuestión también debería participar en función de la edad) y obtener una copia. Muchas familias ni lo tienen. Por otra parte, según en qué momento se realice la evaluación, habrá en la escuela más o menos intención de hacer adaptaciones. Nuestro movimiento de violines, ya con tres años y durante toda la educación infantil, mostraba signos de alta capacidad y ese constante **aburrimiento** por tareas repetitivas. En la escuela, ninguna respuesta. Al comenzar primaria quieren valorar cómo se adapta, con la errónea idea de pensar que, al ser más «difícil», se adaptará. ¡Para nada! *En septiembre dejaron un margen para que él se adaptara,* ***pensaban que como los contenidos eran más reglados y «complicados», él ya tendría suficiente.*** Si en este caso el niño no hubiera reaccionado, si se hubiera adaptado a la homogeneidad esperada en la escuela, no se habrían puesto en marcha. *Pensaba que todo iba bien, pero en octubre muestra un carácter déspota, desmonta la actividad.* Si este chico no hubiera «mostrado» su aburrimiento, no se habría hecho notar —*aquí empezó la psicóloga a mirarlo*— y quizá en la escuela le habrían dejado pasar los cursos, sin valorar qué le estaba ocurriendo. ¿Y qué ha pasado durante la educación infantil? Son muchos los niños a los que se les deja estar porque, según dicen algunos, «se trata simplemente de que van un poco más rápidos, luego ya se estabilizan». Pero con tres años ya se pierden y pierden la oportunidad de desarrollar sus capacidades. Mientras escucho *El otoño* de Vivaldi, pienso que **un mentor adecuado** canalizará la energía del niño con altas capacidades y le permitirá desarrollarse en cualquier momento de su vida.

La relación de celos con su hermano está. De hecho, nos costó bastante explicar al mayor las altas capacidades de su hermano. El tema de **los hermanos** a veces es difícil de llevar en las familias en que se diagnostican altas capacidades. Puede suceder que, una vez que se diagnostica a uno de los hermanos, algún otro presente también signos de alta capacidad. Las comparaciones son nefastas; en este caso, la idea que

tenían del hermano mayor y las expectativas con relación al pequeño, que no apuntaban a que era inteligente. La necesidad de dar explicaciones a unos y a otros está clara —o a veces no tanto—, pues, como afirma Lacan, «aquello que no se nombra, no existe». La aceptación es otra cosa. Puede surgir el miedo a que el pequeño sepa más que yo, una resistencia a aceptar esa realidad, a esconderlo ante los amigos del mayor por vergüenza, o bien a no querer que jueguen con el hermano pequeño para que no le «quite» a sus amigos. Eso me explicaba un padre hace unos años. Se sienten amenazados por sus hermanos dotados, tienen la sensación de que les va a quitar su lugar o de que lo van a querer más, y a veces pueden mostrarse crueles con el hermano con altas capacidades. Por eso es tan importante tratarlo en familia. Ahora bien, esa **rivalidad** es muy sana, es una forma de comunicación de la que se pueden aprender respuestas asertivas. Ese diálogo, que muchas veces se convierte en pelea, permite expresar lo que uno siente, sus propias emociones —tanto positivas como negativas—, decir lo que quiere y lo que no, dar su opinión sobre cualquier tema, discutir, aflorar sentimientos y compartirlos. Es una forma de aprender a relacionarse, en la que los asuntos son entre ellos, donde los padres no deberían intervenir —a no ser que haya situaciones de abuso de poder del uno con el otro—, a pesar de la incomodidad que puede ocasionar.

También están las reacciones del entorno, los otros padres del colegio, que lo miran como a un bicho raro. Esas reacciones impulsan a aislarse, al niño y a su familia. Hay que ver la diferencia con respeto, también a nivel social, sin explicar demasiado, pero, si el tema de las altas capacidades permanece invisible a ojos de la sociedad, difícilmente se aceptará; y si se conoce, la diferencia produce miedo. Entonces surge **una culpabilidad y un miedo** que se sienten como madre —o padre—, que es importante trabajar, al mismo tiempo que se acompaña al niño o a la niña. Pero ¿culpable de qué? De no saber cómo actuar; entonces surge el sentimiento de culpabilidad porque ve que su hijo sufre, que no está bien, que quizá ella no ha hecho lo suficiente. ¿O quizá surge esa culpabilidad al verse reflejada en él, en esas particularidades en las que ella se reconoce? «Cree que su hijo es normal, se asombra si

alguien de su entorno le hace una observación sobre la singularidad de su niño, sobre su vivacidad, su curiosidad o su precocidad. Esa puede ser una trampa tanto para la madre como para su hijo si no sabe que ella misma es superdotada. Sabrá adaptarse a las circunstancias de su hijo, aunque sea en ocasiones, mediante un diálogo sin palabras, de una manera intuitiva y especialmente íntima. **Pudiendo ser estas particularidades de su hijo innegables y reconocidas.** Tenéis miedo de equivocaros, de cometer errores y de elegir mal. Tener miedo es normal, pero ese miedo debéis usarlo para movilizar todas vuestras fuerzas. Sea cual sea la opción que se elija para un hijo, esa opción implicará cierto riesgo, implica sufrimiento».[1]

Las injusticias le vencen. El no estar de acuerdo con lo que no es justo podría llevar a una continua queja, como si se tratara del **síndrome de Calimero**. Este concepto, acuñado por Tomasella,[2] va mucho más allá de considerar la queja cotidiana, el no hacer nada para cambiar esas situaciones injustas. En los casos de altas capacidades, si hay una queja es por algún motivo real. Muchas veces, ese sentimiento de injusticia deriva en una inmensa soledad al sentirse incomprendido por los demás, algo que abordaré en otro diamante.

Le gusta la música triste, el sonido del violín de las series anime. Tiene ese punto melancólico desde siempre. En cuanto te descuidas está en su mundo. Tiene una chispa única, es amable con la gente, sociable. Esa capacidad de desconectar para centrarse en lo que le interesa, que le permite reflexionar, **esa sensibilidad y esa intuición** características, también esa **amabilidad**, el **disfrutar de hacer cosas con los demás**, ese **ser atentos y receptivos a las emociones** de las otras personas, deberíamos considerarlo un tesoro, **un tesoro a compartir**, aprendiendo a vivir sus emociones.[3]

---

1. Siaud-Facchin, J. (2014), *¿Demasiado inteligente para ser feliz? Las dificultades del adulto superdotado en la vida cotidiana*, Paidós, Barcelona, p. 215.
2. Tomasella, S. (2017), *Le syndrome de Calimero. C'est vraiment trop injuste!*, Albin Michel, Francia.
3. Tomasella, S. (2016), *Hypersensibles, trop sensibles pour être heureux?*, Eyrolles, Francia.

El **aburrimiento** característico de las altas capacidades, que, según comenta la madre, es un signo para estar atento a que algo pasa, es una manera de verbalizar sus necesidades, así que es muy importante prestarle la atención debida. La falta de retos, de motivar esas ganas de aprender, la curiosidad o el asombro, por parte de la escuela, influye enormemente. Sí, el **asombro**, que parece tener mayor alcance que la curiosidad, está en el origen de la conciencia basada en la realidad y, por tanto, en la base del aprendizaje mismo, según expone Catherine L'Écuyer.[4] Esta autora expresa esa relación entre el **asombro** (dimensión volitiva, deseo de conocer lo desconocido y lo conocido) y la **belleza** (hay un fin o sentido) a través de la **sensibilidad** (que permite sintonizar con la belleza), que se despliega a través de un **apego seguro** (predisposición a la confianza). Cuando están presentes estos cuatro ingredientes: asombro, belleza, sensibilidad y apego seguro, el aprendizaje es significativo. Ello nos da pistas para aplicar en la enseñanza.

Pocos días antes de finalizar la revisión del libro, recibí un escrito de nuestro movimiento de violines en el que expresaba sus sentimientos respecto al confinamiento de abril y mayo de 2020:

He vivido perfectamente el hecho de no tener que ir a la escuela. Sobre todo, por no tenerme que levantar pronto. Al estar todo el día en casa podía hacer deberes viendo la tele, pero me molestó tanta cantidad de deberes. El hecho de no poder salir, al principio bien, después me estresó, irme al terrado tampoco me gustaba tanto. No ir a la escuela, perfecto, hablábamos por Instagram, por videollamadas. He añorado a los amigos un poco, después ya pude comenzar a quedar con alguno. Las clases muy pesadas por la cantidad de tareas. Las videollamadas online han sido muy seguidas, han estado muy bien. Los profes me caían bien y me ha gustado. Las tutorías han sido una vez por semana y me han encantado, porque las hacíamos con el grupo de amigos, no con el grupo de tutorías real. La lástima era que eran

---

4. L'Écuyer, C. (2014), «The Wonder Approach to learning», en *Frontiers in Human Neuroscience*, vol. 8, art. 764. Véase https://doi.org/10.3389/fnhum.2014.00764.

por la mañana y me tenía que despertar pronto, para estar conectado a las 9. Las programaban días antes, pero te lo tenías que apuntar en el calendario, no te avisaban por correo, no lo enviaban. Todo bastante bien. Yo hacía las tareas el mismo día que se tenían que entregar y hubiera necesitado más tiempo, porque eran faenas muy largas de ejercicios muy sencillos. Me ha gustado que no hubiera ningún examen y lo que hacíamos, los test, eran muy sencillos y te daban opciones, y con los formularios de Google podías ver las respuestas. Las profes no lo sabían, pero era como no hacer el examen. Lo encontré por Instagram que se podía ver así, clicando. Hubiera dormido hasta las 12 pero mi padre no me dejaba. Por la noche, estaba hasta las 4 hablando con los amigos por watsaps. Tú, mamá, me has agobiado durante el confinamiento con el tema de entregar las tareas a la escuela, venías muy pesada hablando. Papá, al principio diciendo que se debían entregar las tareas a tiempo, con mi hermano al principio bien, luego ya insultando. Si volvemos a estar confinados el próximo curso me da igual, me importa una mierda, haría más videollamadas a los amigos y quedaría seguramente, porque no será tan largo, nos podremos juntar por grupos.

Había otro escrito en el que se mostraba cómo lo vio su madre:

He tenido la cabeza más en el hospital que en casa. El cuerpo también. Y que me ha importado muy poco el trimestre escolar. A mitad de confinamiento, escribí un correo al tutor diciéndole que me avisara si no hacía entregas. Al inicio del confinamiento vinieron las notas del segundo trimestre, con la asignatura de plástica suspendida, cosa que él no esperaba. Que si había hecho los trabajos, pero no los había entregado a la profesora..., que si el último día de cierre de la escuela los entregó al tutor... Escribí un primer correo al tutor, preguntando qué había pasado, más movida por la sorpresa de mi hijo, que me provocó más lástima por él, en este contexto de pandemia, que por otra cosa, dado que no es la primera vez que suspende una asignatura por no hacer las entregas. El tutor me explicó más o menos la misma película, que mi hijo y él no habían encontrado a la profesora de plástica, pero que las entregas igualmente estaban fuera de fecha. Por eso luego escribí el segundo correo que te he comentado antes. ¿Cómo le he visto? **Con el hermano se han encontrado.** Este hecho es el que más me ha gustado de esta pandemia. Han estado muchas horas juntos, algunos días solos muchas horas, y se han tenido que entender en muchas co-

sas. Han compartido momentos, como no recordaba verles, sobre todo por cómo es el hermano mayor, porque para el pequeño es un referente y aún lo sería más si el mayor le hiciera más caso. Quizá el cambio ha sido del mayor hacia el pequeño. Le he visto con necesidad de aire, de salir, salía a la terraza y subía al terrado a veces, lo iba a buscar y lo encontraba con el móvil. El móvil ha sido una adicción. Todo el día miraba series de manga, wp, tengo la sensación de que no hemos controlado mucho. Por la noche un desorden, no había manera de que fuera a dormir, y cuando ya dormíamos volvía al móvil. Un horario cambiado. Por él, hubiera dormido hasta las tantas. Cuando acabó el confinamiento no quedaba con los amigos, me preocupó un poco. Llamé a las madres de sus amigos con las que tiene relación, para ver si de alguna forma los podíamos animar a verse de forma presencial. Ellas veían el mismo comportamiento en sus hijos. Poco a poco se fueron animando, para salir a las canastas alguna mañana. Esta semana ha dicho que no quedaba más porque hacía mucho calor, y si van a mirar mangas tampoco les dejan tocar los de seguridad de la tienda. Hará, si se puede, dos semanas de casal de atletismo, va a ver a los abuelos, juega al ajedrez con la abuela, aunque se ha muerto su perro, lo echa mucho de menos. Con nosotros algún día estaba muy malhumorado, en seguida se enfadaba, en seguida recapacitaba. Cuando se enfada se aísla en su habitación. La habitación, un total desastre, hábitos de higiene algo perdidos...

Esta pandemia ha traído incertidumbre y dolor —y, según las últimas informaciones, nos queda un largo camino por recorrer—, pero también, para algunas personas, la oportunidad de poder crecer internamente, de poderse aislar del ruido y replantearse muchos temas, **transformarse** e interiorizar. En este caso vemos que **los dos hermanos se han encontrado**, han tenido que compartir sí o sí y ha sido una oportunidad para relacionarse de otra manera. Algunas escuelas, institutos, universidades y empresas han sabido **hacer frente a la situación**, otras en cambio no han sabido hacerlo. Ha influido en gran medida el interés, la responsabilidad y la voluntad de los profesionales y de los equipos. Se han realizado videoconferencias, se han percatado —por fin— de las ventajas de las nuevas tecnologías. Ha supuesto un cambio de mentalidad y de costumbres, un cambio con el que seguramente conviviremos. Un cambio en el aprendizaje de los alumnos, en las maneras de hacer y en

su desarrollo socioemocional. Ha habido escuelas que se han subido al tren, algunas de forma exagerada, desbordada, pero muchas otras se han limitado a enviar deberes por la plataforma de la escuela y ya está. Encontrar el término medio sería aconsejable. Los que estamos en el campo de la formación deberíamos plantearnos qué aprendizaje ha aportado esta situación, reflexionar sobre cómo mejorar las estrategias docentes, la atención a los estudiantes ante esta realidad que nos ha pillado por sorpresa. Este diamante nos ofrece algunas pistas. Lo que muchas veces necesitaban los alumnos —de todas las edades, desde bien chiquitos hasta los universitarios— era simplemente saber que en el otro lado había alguien, sus maestros o profesores, sus compañeros..., lo que precisaban era charlar de la situación que estábamos viviendo, que los observaras y los cuidaras con tu mirada, necesitaban expresarse y exponer sus inquietudes, sentirse acompañados, que alguien los animara, que supieran que estabas allí y que seguirías estando durara lo que durase. Sentirse entendido relaja emocionalmente y facilita un mayor aprendizaje. Tan solo eso. Las tareas, además; aunque en muchas ocasiones se ha optado por enviar deberes y hacer poco más, sin un seguimiento personalizado, sin tutorías, sin proximidad. Cierto que hay chicos y familias que no disponen de las herramientas, lo que plantea el tema de la brecha digital, al que deberíamos prestar atención y buscar soluciones, pero sí ha habido maneras de hacer que han estado inventando muchos profesionales para llegar a todos los alumnos. Hay familias que han sufrido la situación, algunas también han agradecido la posibilidad de pasar más tiempo con sus hijos, pero muchas se han sentido superadas, solas, sin ningún apoyo. Sobre todo, las familias que forman parte de equipos sanitarios, como es este caso, teniendo que hacer frente a circunstancias desesperantes en su lugar de trabajo, con poca seguridad y comprensión, con escasa atención hacia su propia salud emocional, y lidiando con la situación también en sus hogares. El problema en esta situación que hemos vivido y seguimos viviendo no solo es el impacto que ha producido a todos los niveles, sino cómo salir de la situación. Surgen muchos miedos: miedo a salir a la calle, volver a infectarse, no poderse despedir de los más alle-

gados, la economía, la subsistencia... Es un cambio que implica abandonar ciertos hábitos, lo cual provoca un profundo sentimiento de pérdida. Salir adelante es posible en un entorno de seguridad, que permitirá el aprendizaje para profundizar en esta situación, a través de la propia introspección, y obtener consecuencias positivas. Pero en muchas ocasiones, en las que la seguridad es menor y hay menos posibilidades de aprendizaje, donde el impacto es mayor, surgen factores estresantes que se deben tratar para no anquilosarse. Se han diseñado protocolos de actuación para estos casos, pero lo más importante es intervenir para prevenir la agudización de los síntomas. Y a los alumnos con altas capacidades, ¿cómo les ha afectado esta pandemia? Considerando que la alta capacidad es un potencial que hay que acompañar para que se desarrolle, y que los entornos de aprendizaje ricos, que crean oportunidades y retos, son fundamentales para que eso ocurra —además del interés, la motivación y el asombro del niño, por supuesto—, parece que esta situación de pandemia ha sido bastante positiva para muchos. Han aprendido a su propio ritmo, con más profundidad y con mejores resultados, al haber permitido entornos para poner en práctica la motivación interna, intrínseca, de la propia persona, y el autoaprendizaje, posibilitando el desarrollo socioemocional al trabajar en pequeños grupos en las tutorías, como es el caso de nuestro diamante y, como muchos niños comentaban, sin necesidad de ir a la escuela a que se metan contigo. Todo esto siempre que las estrategias por parte de la institución escolar hayan sido puestas a su disposición. Esta situación debería servir para repensarnos las metodologías existentes, para **transformar la enseñanza**, planteándoselo al alumno **como un reto** en beneficio de toda la sociedad.

¿Qué hacer?

Sugerencias que pueden ayudarnos a abordar **la rivalidad entre hermanos**, algunas de ellas siguiendo la propuesta de Acereda:[5]

♪ Contad con ratos únicos con cada uno de vuestros hijos, a solas con uno y con otro, padre y madre. Es importante y saludable para ellos, para su independencia, imaginación y confianza. Y también para vosotros, padres.

♪ Quedaos al margen de sus discusiones. Explicadles que no vais a intermediar o a intentar determinar quién tiene razón y quién no.

♪ Si discuten en voz alta o hacen ruido, decidles que vayan a su habitación.

♪ Reforzad su comportamiento de cooperación a partir de la creación conjunta de sistemas de recompensa que beneficien a toda la familia.

♪ Usad planes sorpresa para crear una cooperación entre hermanos. Planead sorpresas entre vosotros, proyectos, intercambios, creando alianzas, usando estrategias cooperativas para fomentar la solidaridad entre hermanos.

♪ Los logros deben ser de todos; buscad fórmulas que alimenten las capacidades de cada uno.

♪ Si sienten celos, adelante, permitidles sentirlos, es importante que acepten sus propios sentimientos, y aceptad también la admiración hacia los logros de cada uno de forma abierta e igualitaria.

♪ Intentad no dar a los hijos mensajes que provoquen competitividad entre ellos, ni ponerles etiquetas innecesarias basadas en

---

5. Acereda, A. (2000), *Niños superdotados*, Pirámide, Madrid.

sus fuerzas particulares referidas a la inteligencia. Todos tienen sus propias capacidades y es necesario valorarlas.

♪ Procurad no pedir al hijo más hábil en algunos aspectos académicos que ayude a sus hermanos. Uno y otros pueden sentirse resentidos y hasta incapaces.

♪ Compartid vuestro amor y atención entre los hijos, resaltando sus virtudes y haciéndoles sentirse importantes para vosotros.

♪ Ayudadlos a que puedan expresar libremente sus sentimientos, sus temores, haciendo partícipes al resto, siempre que todos estén de acuerdo.

Y así, orquestando los movimientos a través de «El Sake de Binks», de *One Piece*, con acompañamiento de violín, seguimos con la siguiente melodía.

Diamante 6

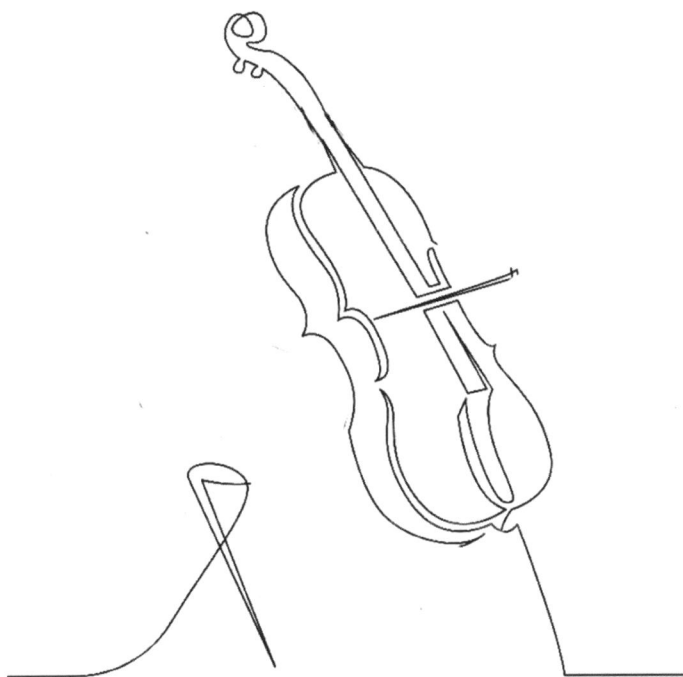

Una violonchelo armonizando
con su piano

Una niña con altas capacidades y su madre, también con altas capacidades y PAS.

«Mamá, la naturaleza llora sangre

porque la gente la contamina».

Soy madre de tres hijos y ella es la pequeña. Había pasado por la maternidad otras dos veces y me parecieron un poco extraños los razonamientos a los que llegaba ella con una edad evolutiva que no correspondía. Claro, si no lo puedes comparar, quizá no tienes una referencia, pero al compararlo con los otros dos te hace chirriar un poco. Después sí que te vas fijando más y lo vas corroborando. Yo me empecé a dar cuenta cuando mi hija tenía tres años más o menos, que *tenía un vocabulario perfecto, utilizaba palabras que eran complejas,* y siempre que le introducías una palabra, un concepto nuevo, ella *lo incorporaba inmediatamente en su vocabulario* a la semana siguiente, e incluso te preguntaba qué significa eso..., te *pedía aclaraciones* en cuanto al significado de la palabra, y ahora que tiene seis años lo sigue haciendo con las palabras que no comprende. Lo empecé a notar, y esto fue lo que ya hizo que me percatara. Una vez, cuando tenía dos años y medio o tres, paseábamos por una plaza de mi ciudad, que tiene una fuente con forma de copa. El agua está recogida arriba y cae por las bocas de unos ángeles; no ves cómo el agua sube, solo ves cómo cae. Y me dijo: mamá, *cómo puede ser*, le dije: pues lo ha hecho un escultor que le gustó hacerlo así. Ella insistía: *por qué* sale el agua por la boca. Le volví a comentar que quizá era porque al escultor le parecía bonito que fuera así. No, no, dijo ella, cómo es que el agua cae si no puede subir... Estaba pensando en cómo podía ser que cayera el agua si no subía. Le dije: ah, vale, mira, porque lo hacen con una bomba. Mamá, ¡pero con una bomba explotaría! Una bomba es un aparato que..., empecé a decirle y, sin añadir yo más, continuó: sí, un aparato para succionar el agua. Sí, le dije, está abajo. ¡Ah! Y entonces el agua, si está abajo, sube de las cloacas. Sí, de las cloacas y sube hacia arriba. Aquí pensé que estaba haciendo una foto del circuito del agua interior. Y aquí ya vi que pasaba algo, y además, habitualmente, *se quedaba muy embobada observando detalles al caminar por la calle que a la mayoría le pasaban desapercibidos.* Los insectos, tenía mucha sensibilidad con la naturaleza, con los animales, con no matar una abeja, *explicando* que servían para que pudiéramos comer frutas y verduras, para reciclar. Un día se enfadó, no entendía por qué la gente tiraba cosas al suelo si **la naturaleza llora sangre porque la gente la contamina, la naturaleza es nuestra madre.** Decía cosas así que antes no le habíamos dicho. Entonces comencé a pensar que sí, *había hablado muy pronto, era una niña expresiva, comenzó a caminar y a hablar muy pronto, se supo enseguida los colores, antes del año ya hacía frases de dos o tres palabras.* Y sobre todo el vocabulario, con dos años iba caminando por la calle y observaba las hojas que tenían escarcha con el frío de la mañana, preguntaba: mamá, *¿esto por qué pasa?* Cosas así. A partir de los tres años y pico comencé a pensar en todo ello. A raíz de esto me lo planteé. Hubo una maestra de la escuela infantil (P3) que me decía que era una niña muy especial, pero que le tendríamos que cortar la imaginación porque es muy muy fantasiosa. *Leer no le gustaba, nunca le ha gustado, más bien ha rechazado la parte académica.* En el colegio me decían que era de la media hacia abajo; que era muy imaginativa, muy fantasiosa, y tendía a la mentira. La cambié de escuela, pues insistían en que no aprendía nada, que había que cortarle las alas en cuanto a su imaginación y que cada vez mentía más. Estuvieron haciendo todo el trimestre el tema de los iglús, polo norte, polo sur. Un fin de semana estuvimos en el Pirineo francés y fuimos con trineos arrastrados por perros. Al llegar a la escuela explicó que había estado en el polo norte, hizo una transferencia de lo que había estudiado a una experiencia vivida. La señorita le dijo delante de todos que no fuera mentirosa, a partir de ahí *salía llorando, no quería ir al colegio* porque para ella no era una mentira. En casa siempre ha sido muy extrovertida, divertida, está contenta, pregunta, se divierte, se pasa horas dibujando, inventa y canta canciones, habla sola, está feliz. Pero *en el colegio se mostraba introvertida, insegura, callada, tímida, no resaltaba para nada.* Le decíamos que ella era otra cosa, que tenía capacidad, porque en casa se mostraba muy diferente, pero la maestra no se lo creyó, pues *insistía en que académicamente estaba por debajo*. Finalmente hicimos un cambio de escuela en P5. **Tuvimos suerte con la maestra**, mujer muy intuitiva y muy sensibilizada con este tema, la niña estuvo muy a gusto. La niña tenía cuatro años, fue cuando en el primer trimestre hicimos las pruebas y salió un CI 135, talento creativo. Salió con una edad cronológica de dos años más. A partir de aquí, comenzamos a comprender más cosas. La psicopedagoga del centro quiso volver a hacer las pruebas y sacó el mismo resultado. A pesar de ello, no le hicieron ningún tipo de adaptación. Ahora, en primero, va haciendo, aunque las adaptaciones curriculares van algo lentas.

Una anécdota que ahora me viene es que estaba haciendo una actividad del método Montessori con animales de plástico. Estaban puestos en una estantería muy bonitos, estuvo jugando un rato, pero la maestra tuvo que marcharse y le propuso volver a dejarlos en su lugar para que nadie los molestase. ¿Cómo les va a molestar nadie, si no están vivos? La maestra se quedó muy sorprendida, pues con tres años era muy pequeña para decir eso. Con las amigas, en el colegio, un día salió enfadada. ¡Todas quieren jugar a mamás y papás, pero nadie quiere hacer de papá y se enfadan! Claro, es normal, os lo tenéis que ir turnando y ya está, le dije. Sí, pero yo les he dicho que no pasa nada, que para que todas podamos jugar, seamos todas mamás, y así no hay ningún problema. ¿Y entonces qué ha pasado? *Me han dicho que no jugara con ellas porque esto no podía ser*. Ella dio una solución a un problema, *propuso una solución divergente e hizo que se convirtiera en friki*. Eso le ha pasado muchas veces. Con el tiempo, no quería ponerse a leer de ninguna manera, *muy perfeccionista. Tachaba letras y números y decía muy enfadada que no sabía*. Cuando estaba en el primer trimestre de primero de primaria, seguimos el método Binding,[1] que le ha ido muy bien. De hecho, le hicieron las pruebas para saber su nivel (es nacida a finales de año) y está por encima de la media. Vaya, que *no tiene ningún problema, más bien va adelantada con respecto al grupo, pero, claro, no tiene ningún interés*. A ella le gusta jugar, dibujar, cantar, cocinar..., el resto no le interesa. *No quiere hacer nada acadé-*

---

1. Método sistemático para la adquisición y mejora de las competencias lectoras.

mico. Por ejemplo, un día, hablando de los científicos, del universo, de los inventos, como ella va estirando del hilo, haciendo preguntas, dice: ah, entonces podemos hacer un ojo, porque decís que estudiando las células se pueden hacer cosas, ¿no? Tiene muchas salidas como esta, muchas cosas diarias. Otro día, con el tema de la prehistoria, me dice: mamá, de las personas prehistóricas que vivían en las cuevas, ¿quién nació el primero? ¿Qué quieres decir con eso? Pues que cuál fue el primer hombre. Vale, si venimos de los monos, ¿quién fue el primer mono? Ella fue tirando, tirando hacia atrás, y acabamos en el Big Bang... El otro día vino una amiga a casa y de repente, sin comerlo ni beberlo, le pregunta qué es la segunda guerra mundial, y después le pregunta dónde está el triángulo de las Bermudas. O a veces me dice: quiero ir de vacaciones al Caribe, pero hay tiburones y me dan miedo, y hay tsunamis... ¿Cómo se forma un tsunami, mamá? Entonces le tienes que explicar el núcleo de la tierra, las placas tectónicas, que hay un terremoto... para que se quede conforme. Con esto tiene mucho interés, pero *a la mínima que no tiene interés por algo, se cierra en banda.* Cuando no quería ir al cole, un día, yendo a la escuela, vio un arbusto de los que tienen las bayas rojas y me dijo: para un momento, que quiero coger una bolita roja. ¿Y para qué la quieres? Pues para cogerla, comérmela y no tener que ir al colegio nunca más. O muchas veces *ponerse con dolores de cabeza o de barriga para no ir al colegio,* sobre todo al primero, y *entrar llorando* también. Este curso, en primero, todavía lo hace. Aunque está más adaptada y es una escuela más abierta, le cuesta ir, todo lo académico le cuesta. Estaban preparando unas conferencias, ella escogió los gatos. Pero no ha hecho todavía la conferencia porque *hablar en público le cuesta,* cuando en casa es una niña que no tiene ningún problema de socialización y veo que cada vez se está volviendo más introvertida, también en casa. Con lo abierta que era de pequeña, ahora, con seis años y medio, comienza a mostrarse más introvertida, incluso con cosas que siempre ha hecho espontáneamente, como cantar o bailar. En las clases extraescolares de arte, a las que va con alumnos bastante mayores que ella, pues el nivel que tiene es muy alto, al principio a veces entraba llorando, argumentaba los motivos, como que un niño la miraba, se sentía observada y no le gustaba. Pero cuando la ibas a buscar no quería salir. También le pasa que *quiere gustar mucho a los otros, no le gusta resaltar dentro del grupo, tiene una autoestima baja.* Hay momentos que la ves superinmadura, como un bebé, y con pataletas. Y hay momentos que tiene unos razonamientos increíbles. Si la comparo con su hermano mayor, cuando ella tenía cuatro y él diez, llegaba un punto en que sus razonamientos estaban a la par.

A raíz de lo suyo, cuando estábamos en el diagnóstico, hice un *inside* de mi infancia y, claro, las pruebas, y también me salió de altas capacidades. Tengo su mismo perfil, 130 y talento creativo. Una muy alta puntuación a nivel lingüístico, no a nivel matemático. Recuerdo que era muy extrovertida en casa, pero en la escuela me costó mucho hacer amigos. Siempre me tenían que llamar la atención por todo y me costaba mucho la parte académica. En casa lloraba porque no me entraban las tablas de multiplicar, o perdía el hilo. *Tenía un mundo interior muy rico, pero en las clases me empanaba.* **Me dispersé y fracasé. Tampoco creyeron en mí.** Después fui haciendo cursos y laboralmente fui saliendo bien, he llegado a tener trabajos con sueldos muy altos, llevando equipos, pero por mis aptitudes y habilidades, no por mi parte académica, que me ha frustrado mucho porque sé que los contenidos, si los hubiera hecho en su momento, ahora mismo podría haber tenido un alto cargo, haber triunfado, haber tenido éxito, cuando en realidad no llego porque me falta la parte más académica. Aunque he salido adelante. Recuerdo que era una niña de suficientes, y en el instituto empecé a suspender hasta que lo dejé todo. *Tuve la sensación de perderme.* No cogía un libro, me preocupaban otras cosas, estaba en la parra. Y la sensación es que, cuando me quise poner, me había perdido. No entendía nada, los conceptos, todo era muy difícil, había perdido el hilo. En todo lo que hacía, tenía la sensación de decir que se me había hecho una montaña, que tenía que irme un curso o dos atrás para entender la base. Siempre me ha pasado lo mismo, las asignaturas que no me gustaban se me hacían una montaña y en las que me gustaban sacaba excelentes. Historia del arte, historia contemporánea..., en lo que me atraía sacaba notable o excelente, y las troncales suspendidas todas. Al final llega un punto en que te das cuenta de que te has perdido, no te ves capaz de recuperar lo que no has hecho y tiras la toalla. Dejé los estudios hacia los 16. Dije: a la mierda todo. Fui haciendo cursos y trabajé de todo: de dependienta, de administrativa..., hasta que conocí el mundo comercial. Y acabé escalando y llegando a puestos en que mis compañeros tenían estudios de empresariales o de económicas. Empecé a hacer cursos para ponerme a su nivel, descubriendo lo que me gustaba, trabajando muchísimo, y me fueron promocionando. Ese crecimiento me permitió estar en otros lugares de trabajo. De hecho, no es que me gustara más que otras cosas, pero sí descubrí que era lo que me resultaba más fácil hacer, tengo mucha empatía, me pongo en el lugar del otro, sé lo que necesita. Es a lo que me dedico, pero realmente no es lo que más me interesa, simplemente es una habilidad que tengo y la exploto porque me va bien.

Tengo PAS, como mi hija. Mucha empatía, demasiada. Demasiado pensar. Mi hija *es como una esponja emocional*, en seguida ve si estás bien o mal sin decir nada. Es nerviosa, tiene un punto como de hiperactiva, necesita estar en movimiento, hacer cosas muy sinérgicas. Según donde estuviera, la tacharían del famoso trastorno de hiperactividad.

Cuando yo tenía cinco o seis años ganaba los juegos florales, con 10 años escribí un libro. Me gustaba mucho leer, el libro que me enganchó fue *El paquete parlante*, de Gerald Durrell. A partir de aquí, comencé a devorar libros y siempre lo he hecho. Ahora me encanta Murakami y otros poco convencionales. Siempre me gustó mucho la música, todo tipo de música, ahora me gusta especialmente la *música indi*. Como instrumento, el chelo me parece como una mujer cuando lo tocan, es muy bello.

Recuerdo una maestra de primaria que en unas convivencias me regaló un libro de un gnomo. En la dedicatoria me puso una poción mágica para hacer amigos: un quilo de deseos, otro quilo de saber escuchar, otro de hacer x..., cosas así, porque realmente *tenía problemas para socializarme con los amigos*. Luego he sido siempre una persona muy social. Es cierto que *lo analizo todo mucho, soy muy perfeccionista y pienso demasiado*, quiero controlarlo todo, veo las carencias que tengo como madre y sufro más de la cuenta, no dejo fluir tanto. Analizo el tipo de relación que tengo con mis hijos, los problemas que pueden tener en el futuro, todo ello *me da cierto miedo y me genera ansiedad*.

Esa *sensibilidad extrema* que tengo me hace pensar mucho. Admiro a la gente que es ignorante, que de verdad fluye por la vida sin sufrir ni pensar en nada, sin ir más allá, porque realmente *son más felices.* Así fue como caí en una relación tóxica que he tratado más tarde. Un perverso narcisista me hizo mucho daño. Me dijeron que las personas con alta sensibilidad y altas capacidades caemos a veces en este tipo de relaciones. Como somos diferentes, *queremos entender a los otros con un nivel de profundidad mayor,* y con *mucha empatía;* en lugar de salir corriendo y que se te enciendan barreras rojas, *te quedas allí intentando reparar lo que crees que el otro tiene roto* porque tú en el fondo también estás roto, *y eres diferente.* A nivel emocional, cuesta mucho trabajar estas cosas. Cuando me hicieron el diagnóstico me encajó con mi historia, comprendí cómo era, lo que me había pasado, y eso me ha ayudado a seguir adelante dándome un cierto respiro.

Mi hija me recuerda mucho a mí cuando era pequeña: la baja autoestima, lo que me costaba hacer amigos, lo movida que era, las experiencias que tuve en la escuela, mis *fracasos.* Se queja de que *le cuesta mucho hacer todo,* tienes la sensación de que no lo sabe hacer, los números, las letras. Primero te dice que le cuesta, que es difícil y que no lo sabe hacer. Pero luego le hacen las pruebas de lectura y sale por encima de la media. También, si miras las pruebas del *Wppsi,*[2] ningún área baja de 120, por lo que es imposible que no llegue. En la escala de memoria de trabajo está al máximo. Tiene mucha memoria. En el *Wisc*[3] no sé qué pasará con ella cuando le vuelvan a repetir la prueba. En el talento creativo es en lo que más fracasa ahora. También está el tema de ser fantasiosa y mentir. Aunque en estas edades de mi hija no es que se quiera mentir, eres fantasiosa, pero nada más. Como extraescolar está haciendo gestión de las emociones. Toca el piano, aunque ahora lo ha dejado, pues económicamente no me va bien. También hay una cosa, y es que *no le gusta estar dirigida.* El profesor de piano quiere enseñarle solfeo, pero a ella no le interesa, solo

---

2. Escala de inteligencia de Wechsler para edades tempranas, desde educación infantil hasta los primeros años de primaria.

3. Escala de inteligencia de Wechsler para niños de entre 6 y 16,11 años.

quiere tocar el piano como quiere y cuando quiere. No se deja, pues enseguida se cansa y quiere hacer lo que le apetece, ir a su bola. Me ha dicho la profesora que tiene mucho oído, que es muy sensible y toca a su aire. En este sentido, quiere ir por libre, pero sin constancia, sin una base, sin dejarse enseñar. Es este el punto que me hace pensar que como se pierda no hará nada. La profesora de arte me comenta que en las creaciones es muy buena, pues capta las emociones en sus dibujos, hace como fotos y creaciones muy buenas. La simetría de las caras, la imaginación, en creatividad es muy buena, es su gran pasión. Sus dibujos son caóticos, pero inventa y mantiene simetrías, aunque si los comparas con los de otros niños de su edad, no son los típicos, los que parecen bien dibujados, pero sinceramente son mucho más creativos. También quiere dibujar lo que quiere, va por libre.

Lo que más me preocupa de mi hija es su nivel emocional. Que esté bien, que no le suponga lo que a mí me ha supuesto. Y que, por culpa de esto, fracase académicamente y no pueda hacer lo que realmente es capaz de hacer. Que esta dispersión genere un futuro de frustraciones. Está muy preparada para poder hacer cosas a nivel artístico o al nivel que ella quiera, pero me preocupa que no pueda desarrollar todas sus habilidades. Aspiro a que tenga una base académica que pueda explotar con su capacidad creativa, pero manteniendo esta base, que no se pierda.

Para comprender más...

Escuchando el *Ave María* de Schubert, interpretada por Ella Rohwer (chelo) y Katja Huhn (piano), me detengo en esta apreciación: *Le tendríamos que cortar la imaginación porque es muy muy fantasiosa,* que dice una maestra. ¡Qué interesante y oportuna recomendación! No es para menos que la madre sienta ese miedo a que su hija fracase si desde el entorno se le da una respuesta como esta. Y que la niña sienta y escuche por parte de ese entorno que es embustera y que se la conoce como tal y no por sus propios talentos. En contra de lo que muchos piensan, no todas las personas con altas capacidades consiguen las metas que se proponen, ni tienen éxito, ni para ellas es una suerte ser de altas capacidades. Ni tampoco es lo más común que las personas con altas capacidades sean exitosas en el ámbito académico, ni dejen de tener problemas y saquen siempre buenas notas. Esos son estereotipos, falsos mitos creados alrededor de los superdotados, favorecidos por los medios de comunicación y las noticias sensacionalistas de muchos de los reportajes que se han hecho y que todavía se buscan, en los cuales salen siempre los Einstein o los Mozart o aquellos «casos raros» de supuesto éxito. **Pero nada más lejos de la realidad.** Es sabido que hay muchos adolescentes, jóvenes y adultos que **fracasan académicamente**, vamos viendo algunos testimonios, pero hay muchos otros casos con altas capacidades que pasan por ese camino. Por una parte, está el desconocimiento, la desinformación y a veces la poca sensibilización en las escuelas sobre las necesidades de los niños y niñas con altas capacidades, implicando muchas veces un peregrinaje por diferentes escuelas. Por otra parte, están los errores de muchos diagnósticos, tema abordado en el primer movi-

miento, en que en algunos casos hasta se decide poner la etiqueta de baja inteligencia porque existen indicios de que esa persona habla poco, se inhibe, tiene pocas relaciones sociales, es tímida y —pobre— no es capaz de más, poniéndole un techo que nada más lejos de la realidad. Hace unos años vino a la consulta una mujer que, al acabar la EGB, en la escuela habían aconsejado a sus padres que no aspiraran a que su hija hiciera algo más que un secretariado, como mucho. Se aburría soberanamente en el colegio, aprobaba justo o suspendía asignaturas para no aburrirse durante el verano y aprender por sí misma, se aislaba, era callada y no decía nada si le preguntaban en clase, no tenía muchas amigas, sentía que sus intereses eran infinitamente diferentes a los de ellas, faltó algún tiempo a las clases porque somatizaba, pero a pesar de eso iba pasando de curso. Las maestras la aislaban e incluso la señalaban como la retraída, la tonta. Fue bajando la autoestima y perdiendo confianza en sí misma. Lo pasó mal, la tachaban también de sensible. Ella observaba y se fue construyendo un rico mundo interior. Nunca fue consciente de sus capacidades. Al acabar la escuela, decidió irse de aquel lugar, pero en vez de matricularse en formación profesional lo hizo en BUP, y ocurrió que con el cambio comenzó a conocer gente, a tener amigos, a divertirse, a preocuparse por otras cosas más interesantes que estudiar. Suspendió la mayoría de las asignaturas, pero en verano recuperó todas con notas excelentes, cambió de centro, fue superando los cursos sin problema, llegó a la universidad y consiguió todo aquello que se propuso. Cuando sospechó que tenía altas capacidades comenzó a comprenderse y a *sintonizar armónicamente con su sinfonía*. ¿Qué habría pasado si la familia hubiera aceptado esa recomendación de la escuela, ese supuesto fracaso escolar y esa baja inteligencia?

Querer comprender a los demás en profundidad es otra de las características que suelen darse. Desear llegar al fondo de las cosas, de los sentimientos de los otros, e incluso adoptar ese rol de salvadores. En algunas ocasiones, esto deriva en ese tipo de relaciones que comenta la violonchelo de la historia. ¿Alta sensibilidad, altas capacidades y relaciones tóxicas?

El concepto de narcisismo surge hace unas décadas. En 1898, Havelock Ellis hace una primera alusión al mito de Narciso a propósito de las mujeres cautivadas por su imagen en el espejo. Pero es Paul Näcke quien, en 1899, introduce el término «narcisismo» en el campo de la psiquiatría. Con este término designa un estado de amor por uno mismo que constituiría una nueva categoría de perversión.[4] En 1911, Freud plantea el narcisismo como un estadio normal de la evolución de la libido.[5] En cuanto al concepto de perversidad, la psiquiatra y terapeuta familiar Marie-France Hirigoyen (1999)[6] lo asocia con el perfil de acosador moral, considerando a la persona perversa como persona racional y seductora capaz de conseguir sus deseos y propósitos a costa de no considerar a los demás como seres. Para Eiguer (2008),[7] el funcionamiento perverso está marcado por una conducta abusiva. El «agente» hace actuar a su víctima sin que esta lo sepa. A partir de la complejidad de su actuar indirecto y a distancia, Eiguer establece algunos rasgos de la perversión moral:

♪ Malignidad.
♪ Ausencia de sentido moral.

---

4. Nasio, J. D. (2000), *Enseñanza de 7 conceptos cruciales del psicoanálisis*, Gedisa, Barcelona.

5. Freud hace referencia a la libido como energía de las pulsiones —instintos—, como una energía específica que se rige por el principio del placer y tiende a buscar satisfacción inmediata, que parte del cuerpo y dirige nuestra conducta hacia un objeto u objetivo. Para Jung, la libido es la energía vital —de hecho, utiliza indistintamente los términos libido y energía: Jung, C. (1999), *Conflictos del alma infantil*, Paidós, Barcelona—, la manifestación del desarrollo de la persona, de su evolución, que muchas veces se convierte en deseo. En 1912, Jung define el concepto de libido en su concepción energética —ya no sexualista— como energía que se manifiesta en el proceso de la vida que percibimos subjetivamente como un afán y un deseo. Quiroga, M. P. (2015), *C. G. Jung, vida, obra y psicoterapia*, Desclée de Brouwer, Bilbao.

6. Hirigoyen, M. F. (1999), *El acoso moral: el maltrato psicológico en la vida cotidiana*, Paidós, Barcelona.

7. Eiguer, A. (2008), «La perversión en los vínculos de pareja y familia», en *Subjetividad y procesos cognitivos*, n.º 12, pp. 46-60.

♪ Buen comportamiento y buena capacidad social.

♪ Intento de dominio del otro, manipulación.

♪ Tendencia al secreto y la disimulación.

♪ Regocijo en el ejercicio de la manipulación, especialmente después de su revelación; esto suscita temor, vergüenza y autodesprecio en el otro.

♪ Argumentaciones para justificar la actuación.

Asimismo, los perversos se comportan sirviéndose de medios como los siguientes:

♪ Posición altanera.

♪ No reconocimiento, ausencia de gratitud.

♪ Lenguaje cínico.

♪ Formulaciones agresivas: recordar los defectos del otro, sus fracasos.

♪ Todo esto coloreado por un discurso seudomoral.

Tanto Hirigoyen como Eiguer abordaron extensamente el término perverso narcisista, pero este concepto fue iniciado por el psicoanalista Paul-Claude Racamier en 1986, y retomado por Gérard Bayle —psicoanalista y especialista en psicodrama— en 1997,[8] haciendo referencia al concepto de procesos perversos que se dan en grupos y en el ámbito familiar.

Jean-Charles Bouchoux[9] define al perverso narcisista como una persona con una gran falta de confianza en sí misma y en su propia imagen, al igual que su víctima; no se siente amable, no ha podido encontrar un reflejo lo bastante bueno en su infancia como para tranquilizarse y construirse. Para compensarlo, desarrolla una imagen desmesurada de sí mismo. Por tanto, los ingredientes que lo caracterizan son la baja

8. Bayle, G. (1997), *Paul-Claude Racamier*, Puf, Francia.
9. Bouchoux, J.-Ch. (2016), *Los perversos narcisistas*, Arpa, Barcelona, p. 67.

autoestima, asociada a un caos interno y a una idea sobrevalorada de su propia imagen, que siente que debe mantener pase lo que pase, a base de sobreactuar o de desvalorizar a los demás.

El perverso narcisista tanto puede darse en hombres como en mujeres. Tiende a juzgarse a través de los otros, y muchas veces la víctima —y más si tiene esa capacidad de ver y profundizar— le sirve de espejo poniendo en evidencia la imagen mediocre que tiene de sí mismo —pues se siente incompleto y vacío por dentro—, por lo que actúa despreciando a la víctima, en lugar de cuestionarse a sí mismo, y poniendo en su punto de mira cualquier debilidad del otro para machacarlo. Él está bien; son los demás los que no entienden ni saben nada. Proyecta en el otro su malestar —«es por tu culpa que» y no por mí— y responsabiliza a la víctima de todos sus sufrimientos. Utiliza a la otra persona para superarse. Es cínico y un gran seductor, y convence a los demás, mostrándose ante el mundo como alguien cordial, respetuoso, atractivo, con sentido del humor. Pero es solo imagen. Puede llegar a tener alguna fase depresiva, y entonces transfiere su angustia a la víctima y hace que se sienta incapaz, despreciable, hundiéndola en el ámbito emocional e incluso también en el terreno profesional, desmereciendo sus capacidades. Es débil y no soporta que la víctima tenga éxitos y brille por sí misma, así que intenta por todos los medios despreciarla, desvalorizarla y aguarle cualquier momento feliz. Aparentemente admira al otro, pero se siente celoso. Utiliza el chantaje emocional y a veces la fuerza, excusándose en cualquier tipo de «incompetencia» de la otra persona. En ocasiones se aísla y consigue aislar a su pareja, y la acusa por ello. Por supuesto, manipula y controla al otro, creando fuertes vínculos de dependencia. Ser amable, intentar ayudar, facilitar las cosas a este tipo de persona puede ser visto como una toma de poder y eso no entra en sus planes.

¿Qué relación podrían tener este tipo de personas con las altas capacidades? Omar Rueda (2019),[10] después de acompañar a muchas

---

10. La atracción letal entre una persona con alta capacidad y un perverso narcisista:

personas que han estado en relaciones abusivas, ha observado que muchas de ellas tienen altas capacidades. Según comenta, hay una cierta atracción entre personas con altas capacidades y personas perversas narcisistas. La persona perversa narcisista precisa nutrirse de alguien para sentirse maravilloso y quedar bien ante los demás, y de alguna manera va a la caza de las personas que brillan por dentro, joviales, emocionalmente atractivas, personas que tienden a sentirse responsables de los demás, con un autoconcepto negativo y frágiles, influenciables, que se enamoran con una gran pasión. Ambos se unen partiendo del desequilibrio propio. Uno viviendo el amor en estado puro y cayendo en la red del manipulador, y el otro alimentándose de su manera de ser. La persona con altas capacidades, al ver que no es lo que le vendía el perverso manipulador, se siente culpable y lo impulsa a seguir en la relación, pues necesita comprender lo que está pasando. Cuando ve que el otro es egoísta e hipócrita, además de comprenderle y ayudarle, querrá indagar en su personalidad para saber qué pasa. Eso lo engancha porque le hace sentirse vivo. Se da cuenta de todo lo que hace, pero no aparece esa señal de alarma. Es diferente al resto y por eso le resulta fácil entender al otro como raro. Como ha experimentado el rechazo muchas veces, ve al manipulador como raro y lo va a acoger, e intentará ayudarle cada vez que trate de dejar la relación. La empatía que tiene le hace verlo normal. La persona con altas capacidades sabe de todo, y eso agota al manipulador. La riqueza que le atrae de la persona con alta capacidad lo va a desmontar. Como tiene una gran resiliencia y se va regenerando, se va a quedar para comprenderle.

---

https://www.youtube.com/watch?v=UC-QnsuR0xg.

𝄢 ¿Qué hacer?

Si uno se queda, cada vez le va consumiendo más. La mejor opción es apartarse, **alejarse**. Las personas perversas narcisistas no admiten que haya ningún error en ellas; no lo ven, no son conscientes ni quieren serlo. No cambian ni cambiarán, pues no se dan cuenta de sus dificultades. Enfrentarse a ellas es agotador y no se consigue nada. Es muy importante el hecho de poder explicar a alguien la situación; si es un profesional, mejor. Vivir con este tipo de personas implica perder la autoconfianza, la autoestima, la seguridad..., implica pasar por situaciones de miedo e inseguridad. Alejarse, salir de este tipo de relaciones no es fácil: requiere tomar distancia, una buena dosis de valentía y fortaleza, y un acompañamiento durante largo tiempo para reconstruir y reconstruirse.

Vayamos a otro tema. Esas situaciones tan habituales de **aburrimiento** que acompañan a muchas personas con altas capacidades, en las aulas de las escuelas y también de adultos, provocan desconexión en muchos casos, o una cierta hiperactividad —o mejor, continua actividad—; en otros, como en la niña del testimonio, no mostrarse de acuerdo con la situación. ¡Esa **disconformidad** tan característica! Lo mismo ocurre en los adultos, que realizan millones de tareas de forma paralela, o leen cantidad de libros al mismo tiempo. Hay que comprender que «es el resultado de su propia articulación, de esa intensidad de pensamiento y de sentimientos que contrastan con el mundo y crean un vacío difícil de llenar».[11] ¿Y qué hacer con ello? Pues simplemente comprenderlo, aceptarlo y acompañarlo. Se trata, pues, de esa **intensidad**, pero también de ese **pensamiento divergente** al que se hace referencia, de esa **estructura cognitiva arborescente**, es de-

---

11. Siaud-Facchin, J. (2014), *¿Demasiado inteligente para ser feliz?*, Paidós, Barcelona, p. 174.

cir, esa capacidad de tener tantas ideas variadas en la mente, la cantidad de estímulos que dan lugar a conexiones neuronales diferentes
generadas a partir de ellos, interrelacionando, asociando ideas constantemente, creando una red de pensamientos, ideas y propuestas a
gran velocidad, con mayor densidad, riqueza y complejidad. Ello implica un **conocimiento más profundo**, claro y preciso, viendo mucho
más allá que el resto... Y hay que ir poniéndolo poco a poco en el terreno real, hay que convertir esa energía, ese fluir, en una cierta organización, *como si de una composición musical se tratara.* ¡Qué importante sería en las escuelas y universidades enseñar a pensar, pensar,
pensar, reflexionar, profundizar, ir más allá..., más que simplemente
llenar de contenidos sin sentido la mente de las personas!

Trayendo a colación lo expresado en el parágrafo anterior sobre
la intensidad, nos encontramos con **la empatía**, que precisamente está
relacionada con la otra intensidad característica de personas con altas capacidades, a saber, la gran **intensidad emocional.** Por supuesto, esa facilidad para **conectar con los otros,** ese querer entender a los
otros **con la mayor profundidad posible,** ese ponerse en el lugar del
otro y ese **empatizar** pueden llegar a verse desde otra perspectiva,
desde la capacidad para arrastrar también otro tipo de relaciones.
Para ello es necesario ir curando las heridas emocionales, poner límites a las situaciones tóxicas y aprender a estar bien con una misma,
con la propia soledad.

Como vemos en este caso y relacionado también con el pensamiento arborescente, es muy habitual que las personas con altas capacidades, además de tener una gran sensibilidad, den muchas vueltas a las
cosas, lo analicen todo extremadamente, y ello les acarree muchas dificultades precisamente por analizar y comprender en exceso, dificul-
tando la posibilidad de sentirse felices, como expresa nuestra chelo:
*Admiro a la gente que es ignorante, que de verdad fluye por la vida sin sufrir
ni pensar en nada, sin ir más allá, porque realmente son más felices.*

Escuchando *El cant dels ocells*, de Pau Casals, pienso en ese **perfeccionismo** que hay —muchas veces extremo—, que conduce a querer
controlar las cosas: *podría haber tenido un alto cargo, haber triunfado,
haber tenido éxito.* Por una parte, nos encontramos con esa idea de **insatisfacción** por no tener o no poder conseguir algo, aunque efecti-

vamente nunca es suficiente, siempre se desea más, no se llena el vacío interior que hay. Eso ocurre en muchos adultos y también en niños con altas capacidades. Como la niña y como vemos en otros testimonios: no quiere escribir porque no lo hace suficientemente bien, y eso significa que no sabe (para ella, claro). Además, está presente la sensación constante de fracaso; de hecho, hay un **temor latente a fracasar**, a errar, lo que provoca la consecuente **decepción de sí misma**. ¡Y no tiene nada que ver con la arrogancia que se atribuye muchas veces a las personas con altas capacidades! Por otra parte, el hecho de ir consiguiendo metas no es suficiente, porque además son vistas por la persona con altas capacidades como algo imperfecto, inacabado, hasta desmerecido, así que ese «éxito», ese «triunfo» nunca se llega a acabar de conseguir. Desde fuera, las demás personas lo ven como un triunfo absoluto, lo admiran, son diamantes brillantes que incluso deslumbran..., pero la persona con altas capacidades no lo ve ni lo vive como tal. Necesita muchas veces ese reconocimiento, que se lo recuerden, que se lo hagan ver, que simplemente la acompañen en su visibilidad, y eso también hace sufrir.

Con el contundente final del *allegro moderato* de la intensa *Sonata para violonchelo y piano en sol menor, op. 65*, de Chopin, saltamos al séptimo movimiento.

Diamante 7

Variantes de flauta suenan
junto a un piano

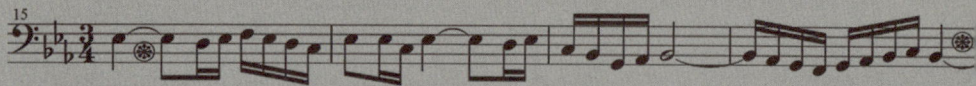

Una mamá que ha impulsado la visibilidad de las altas capacidades en su país.

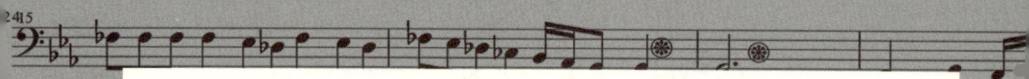

«Los niños con altas capacidades se esconden.

Ahora a mí me ha tocado romper con ello».

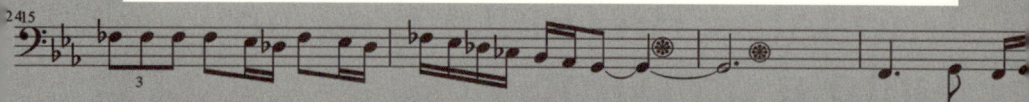

> El mismo darse cuenta de «lo que es» es un proceso liberador. Siempre que no seamos conscientes de lo que somos e intentemos convertirnos en algo diferente, habrá falsedad y habrá dolor. El hecho mismo de darse cuenta de lo que uno es genera al instante una transformación y la libertad de comprender.
>
> KRISHNAMURTI, *Darse cuenta*

Los *últimos estudios sobre neurociencia* han venido a aclarecer algo más el tema de las altas capacidades. Porque, claro, dices, tu hijo tiene altas capacidades, pero no sabes qué hacer, *no te dan un librito para que puedas actuar y saber qué esperar de un niño con altas capacidades*, te parece increíble, *no te lo aceptan a veces*. Gracias a esos estudios de neurociencia se observan algunas diferencias, en la parte de la organización de la información, y muchas características; científicamente hay una evidencia, que es lo que el ser humano quiere ver. Hay también un poco de eso. En El Salvador nunca se había hablado de las altas capacidades, acá *muchos niños que nacieron con altas capacidades y que pudimos haberlos ayudado se perdieron por el camino*, a muchos se les hicieron en su momento entrevistas, reportajes, consigues hablar con los padres de esos niños, pero incluso ahora, con algunos adolescentes, no consigues hablar porque *se esconden*, todo fue frustrante porque nunca se habló de niños con altas capacidades. *Simplemente se habló de niños con resultados sobresalientes, pero aquellos que se sacaban el título*. Y de ahí no salíamos. Ahora a mí me ha tocado romperlo, los mitos, falsos esquemas... Todo empezó cuando mi hijo nació, después lo vi cuando tenía dos años y medio, su interés era mucho más evidente que en los otros niños, aprendió a leer en dos semanas y él solo. Para mí era *algo raro*, porque en ese mismo momento yo estaba estudiando para docente. Mi carrera es informática, pero siempre me gustó la docencia; de hecho, tengo familia docente. Aparte de licenciarme en informática, me puse a estudiar la parte de educación, desde hace 20 años trabajo en la docencia, pues comencé dando clases de informática. Y empecé a especializarme en educación: me gustaban los enfoques pedagógicos, la didáctica. Al mismo tiempo, veía que mi hijo *podía aprender de una manera muy rápida*. A mí me parecía muy confuso, la verdad. Por otro lado, yo empezaba a sospechar: ¿será o no será? Además, *era muy desafiante*, con una *personalidad muy fuerte*. Por ejemplo, uno no le hacía caso y eran berrinches continuos, *no le gustaba perder*. Le ha costado superar eso. Siete años de su vida *los pasamos de un colegio a otro*, visitando psiquiatras, neuropediatras, un montón de profesionales, pero todos me decían al final que no había nada, simplemente que lo metiera en diferentes disciplinas, deporte, música, todo eso. Pero al final esto es un costo. Mi situación económica aquí, en El Salvador, no es para estar metiéndolo en tantas cosas. La situación de todos los salvadoreños es igual de difícil. Además, *te ponen requisitos de que hay que escolarizarlos, porque es la ley*, pero, por otro lado, *no te dan una alternativa de cómo tu hijo puede desarrollarse en sí*. Cuando fue a kínder, que es nuestro primer nivel, mi hijo *ya iba leyendo* y, claro, *a los 15 días se aburrió*. Dijo: por qué me mandas ahí, nadie puede leer, es horrible, además me decía: mamá, no me digas que voy ahí para aprender. Así *empezó un tiempo en que no quería leer, porque se sentía triste al ver que sus compañeritos no podían*. Pasamos así mucho tiempo. Él tenía ganas de hacer juegos de memoria y los demás querían jugar a carritos, él quería jugar al ajedrez y los otros estaban pensando en ir corriendo. Así sucedieron diferentes situaciones. *Yo me planteaba cómo poder ayudarlo, esa ha sido siempre mi preocupación*. En preparatoria, que él tenía cinco o seis años, *me dijeron que lo tenía que medicar, aunque fuera para ir al colegio, pues molestaba. Me opuse y ahí empezó la discriminación.* En el colegio donde lo tenía me dijeron: si no lo medicas, le vamos a negar la matrícula, lo cual no se podía hacer por ley, pero igual se coacciona, estas son nuestras reglas, y si te gustan lo podemos atender pero si no, pues no. Así fue que hicieron una serie de cosas, me negaron finalmente la matrícula, me fui al Ministerio de Educación del país, y empecé a mover personas, en la parte de la educación inclusiva. No sabían nada del tema, cómo hacerlo. La única alternativa que me dieron fue *pasarlo a segundo grado*, para ver qué ir haciendo para irlo ayudando. También inscribirlo en un *programa* que tenemos aquí de *jóvenes talentos*, de la Universidad Nacional. En este programa empiezan niños de cuarto grado y les dan matemáticas, física, química y biología de una forma más avanzada. Pero eso era ir todos los sábados todo el día, aparte de las clases. Aun así, va al programa de jóvenes talentos, le hacen un examen de matemáticas y se quedan admirados porque resolvió un test de cuarto grado muy bien. Comenzó en el programa, y luego le puse en segundo grado. El problema fue que ni la maestra ni en el programa sabían *cómo ayudarle en la parte emocional y en la parte social*. En la parte emocional, en la evaluación aparece que incluso tenía un año menos de su edad real. Te resolvía un problema matemático de cuarto grado (10-12 años cuando tenía seis), pero al ratito ya estaba en el baño jugando con el agua. Los instructores me decían: mire, sí, al momento recibe las respuestas, pero luego se va al baño y se queda un tiempo jugando con el agua. Ahí comenzaron los problemas. Empecé a ver la *disincronía, empecé a ver emocionalmente dónde estaba*. Eso le estaba causando problemas. Lo otro era *su disincronía con la motricidad fina, que le estaba ocasionando problemas*. Empezaba a escribir bien pero no tenía velocidad para las palabras, le costaban. De repente no quería hacerlo. También *el procedimiento en la respuesta matemática; llegaba al resultado, pero se olvidaba del proceso*. Era difícil para él agarrar el ritmo de escribir, o de tomar un dictado, o de hacer un procedimiento, aunque sabía la respuesta exacta. Me decía: es que, mamá, no sé cómo lo resolví. O *no podía estructurar la parte de reorganizar su cerebro porque su cerebro le daba tanta información que perdía la conexión de cómo lo había hecho*. Y la madurez que tenía, pues estaba pensando en jugar con el agua —que siempre le encantó—. Era algo extraño. Yo no sabía por qué se comportaba así; como mamá, estaba asimilando la situación. Por otro lado, iba buscando información, pues a los cinco años fue con una psicóloga tal como me mandaron, le pudo hacer la evaluación y me decía: tiene un CI muy alto, 140, pero no sabemos hacer más. La cuestión es que yo tampoco sabía qué hacer, *los profesionales no sabían y yo tampoco*. La evaluación, me dijeron, tiene un techo, y él sobrepasó esos límites. De hecho, aquí no hacen esa evaluación. Me enviaron a un neuropsiquiatra porque tenía *episodios de depresión*. Yo quería que fuera al colegio y él no quería ir. En la escuela vimos un cambio muy grande en él. No quería ni leer. *Se estaba perdiendo*. Todo lo que hacía en casa (en el calendario te decía los días feriados, los países del mundo, las banderas...) en el colegio no quería hacerlo. Mientras que ya sabía la tabla periódica, tenía que volver a un segundo grado donde apenas hacían sumas. *Era un caos.* Empezó a *decaer su autoestima, la parte emocional, era muy difícil que cuestionara sus emociones, pues se frustraba tanto que no podía.* Empezamos a ver psiquiatras. Cuando iba ya a cuarto grado decía: no más psiquiatras, y miramos otras opciones. Fuimos de un colegio a otro y no sabían qué hacer. Entonces, a partir del diagnóstico, fui buscando información por internet. Los primeros en contestar fueron los de la organización Mensa, en México. Escuché que podía mandar las evaluaciones y que podíamos ingresar en la organización a través de la evaluación, hablé con los psicólogos y fue el primer salvadoreño en ingresar en una organización. Como es a nivel internacional, así constó. Luego *creé la primera página sobre altas capacidades de El Salvador,* para contactar con otros papás, pues no era posible que solo me estuviera pasando a mí, decía yo. Seguro que hay otros niños. En las escuelas, los maestros no se interesaban en hacer las adaptaciones curriculares, y eso que fui al Ministerio de Educación, pero tampoco sabían cómo. Me dije: voy a estudiar para saber cómo hacer estas adaptaciones curriculares y buscar alternativas para estos niños. Entonces *empecé a estudiar sobre altas capacidades, me inscribí en alguna formación.* Busqué más información. La apliqué aquí, en el programa de jóvenes talentos, para atender a estos niños. En mi área, dando clases de informática, me permitía buscar otros enfoques pedagógicos. He trabajado en la parte informática con la metodología por proyectos, metodología que podría adaptarse a estos niños, y es así como he ido formando un poco este espacio. Material para empezar a adaptar. Comencé a trabajar la parte legal de la fundación, eso lleva años. Finalmente consigo hacer la fundación[1] con otros papás que habían contactado. Ahora hemos comenzado con diferentes acciones, como charlas para padres y talleres para docentes, y estamos en el proceso de poder llegar al Ministerio de Educación para poder trabajar con ellos de la mano en el sentido de poder llevar la *capacitación a los docentes.*

---

1. Véase https://www.altascapacidadessv.org.

Porque si los docentes no saben cómo conocer ni que sea las características de estos niños, no avanzaremos, poco podremos mejorar. O para revocar los mitos; si no se hace, el tema no avanza. Y estamos hablando de que *hay una gran cantidad de niños con altas capacidades que no se conocen...*

Como sabes, aquí somos conocidos por la violencia. Tenemos en la delincuencia *las maras. Los cabecillas son niños de entre 14 años, o incluso de menos edad. Tienen la capacidad para organizar y ser líderes.* ¿Por qué? *Porque en las escuelas estos niños no han encontrado cabida, no han podido ser atendidos y siempre han sido los malos, etiquetados como los niños desafiantes,* que, si le dicen a los otros, a los maestros, te equivocaste, entonces es un niño malcriado. Si le dice al maestro que ese problema se puede solucionar así pero el maestro no lo sabe, ese niño es un malcriado. Entonces *se van etiquetando,* etiquetando, y la *autoestima* empieza a minar. Así es como encuentra otro grupo donde poder organizarse. Y hacer planes. Te desafían. Lastimosamente en lo malo. Empiezan a ser muy buenos en informática, he tenido alumnos que te roban la contraseña o hacen cosas increíbles que, siendo del área de la informática, te preguntas cómo te lo hicieron. O se descargan juegos gratuitos. También mi hijo lo hace. He tenido alumnos con altas capacidades que comenzaron a etiquetarse en el colegio —pues he trabajado en grandes colegios y lo he visto— y acabaron medicados por eso. Eran muy buenos con la tecnología, pero eso no servía, pues en otras materias eran etiquetados como niños problema. Entonces eso me impulsa más a buscar ayuda y a ver de qué forma podríamos aportar algo a la parte de las altas capacidades. Por eso estamos trabajando en diferentes aspectos, para *visibilizar las altas capacidades.* Estamos queriendo llegar al Ministerio de Educación, y en el sector de la capacitación de los docentes trabajamos las inteligencias múltiples para que los docentes no solamente puedan detectar las altas capacidades, sino que puedan trabajar con protocolos de detección de las inteligencias desde edades tempranas, y no esperar a que los niños lleguen al bachillerato para hacerles un test vocacional y decirles entonces que son buenos para alguna cosa, pero ellos no sepan lo que quieren. Porque en la niñez, el que platica es malo. Y si su hijo platica mucho, se levanta, se mueve..., lo van etiquetando, y el niño va creciendo con eso, con que platicar es malo, y se pierde. Tal vez tenga talento para ser un gran periodista o comunicador, pero el maestro lo etiquetó como malo, y en la adolescencia no sabe qué estudiar por eso mismo. Aparte de eso, si estás en un aula en la que, en lugar de decir que platican mucho, dicen que domina la inteligencia lingüística..., mejor que mejor. ¿Por qué no utilizamos un método que permita dar la materia de otra manera, a través de un periódico, un noticiero o un programa de radio? Por proyectos. Y que a los chicos les llegue. Por eso estamos queriendo enfocarnos y trabajar en este sentido.

En cuanto a mi hijo, hasta el momento no he podido encontrar un colegio que atienda las altas capacidades, que trabaje la disincronía y las emociones. Hay un niño que se ha podido desarrollar en un colegio con enfoque Montessori. Quizá por aquí se pueda ver, e incorporar sus metodologías. A veces pienso que *quizá es la falta de compromiso por parte de algunos profesores, aunque muchos no son así.* Aquí estamos con metodologías memorísticas, pero falta mucho camino por avanzar. En la fundación tenemos psicólogas y pediatra neurólogo, con los que nos estamos reuniendo para ver de qué forma podemos hacer la evaluación de nuestros niños. En cada país hay diferentes test o métodos, pero nosotros estamos tratando de contextualizarlos, de adaptarlos aquí. *Test de inteligencia, pero también proyectivos.* Aquí son muy caros, y cuesta acceder a ellos. Porque, claro, debemos tener en cuenta el nivel socioeconómico y político de nuestro país, somos un país afectado por guerras, delincuencia, pobreza..., por eso tenemos que ver cuáles son los intereses de nuestros niños, de la mayoría, porque, como algunos incluso empiezan a trabajar desde muy chiquititos para poder sostener a su familia, es una realidad diferente, muy diferente. Tanto para test como para metodologías. El año pasado vino a visitarnos una profesora de Estados Unidos porque tenía niños salvadoreños, creía que con altas capacidades, pero no se adaptaban. Vino a averiguar por qué estos niños no pasaban los test, aun sabiendo que tienen una gran inteligencia. Quería investigar conmigo para trabajar con ellos, porque *sus test no están adaptados.* Muchas familias salvadoreñas migran a Estados Unidos, de estos países les llegan con la pobreza, la delincuencia. Estos niños tienen la *auto-*

estima muy dañada, son niños de donde están afectados por las pandillas... Cuando salen *tienen miedo*, han escuchado disparos, han visto muertos, y *todo eso de alguna forma daña*. Son niños que *emocionalmente* están muy mal. Claro, *hay que trabajar esa parte emocional para que ese niño pueda sacar lo que sabe, para sacar su alta capacidad*. Ese fue un aspecto importante que tratamos, *los test no pueden ser los mismos para todos*. Ellos tendrían que hacer una adaptación de sus evaluaciones para poder llegar a estos niños. Pienso que es muy bonito que aún haya gente que se preocupe por esto, que venga e investigue para mejorar, trabajar en función de los niños, de por qué no se adaptan, pensando en ellos.

Un gusto hablar contigo porque uno piensa que está solo, pero, cuando conversas con otra persona sobre el tema, te das cuenta de que muchas cosas son parecidas, ves que estamos en lo mismo, que vamos por el mismo camino, aunque los contextos sean diferentes.

He creado un grupo de red iberoamericana,[2] con una plataforma virtual de diferentes países, para poder hacer intercambios, para llevar una línea, *para ir trabajando las altas capacidades en diferentes países*. De alguna forma tienes que convencer a las autoridades de que existen las altas capacidades, y que hay profesionales detrás trabajando, e investigaciones que se van haciendo.

---

2. Véase https://www.linkedin.com/groups/8685921/.

Para comprender más...

Tenemos en la delincuencia las maras. Los cabecillas son niños de entre 14 años, o incluso de menos edad. Tienen la capacidad para organizar y ser líderes. Posiblemente sea así, y la **delincuencia** en El Salvador —y quizá en otros países— sea **dirigida por niños que no encajan en la escuela**, con unas mentes extraordinarias. Quizá son niños que encuentran su lugar en grupos donde pueden desarrollar sus potenciales, donde se les permite focalizarse en sus fortalezas para conseguir los «logros» que interesan. Quizá ese ambiente es estimulante, lleno de retos para desarrollar sus propias capacidades, lo que repercute en su propia autoestima al sentirse que «forma parte de». Sería maravilloso que eso se hiciera desde la escuela, pero queda mucho camino por recorrer.

El año pasado vino a visitarnos una profesora de Estados Unidos porque tenía niños salvadoreños, creía que con altas capacidades, pero no se adaptaban. Vino a averiguar por qué estos niños no pasaban los test, aun sabiendo que tienen una gran inteligencia. En este sentido, es interesante fijarse en la afirmación que hacen autores como Howell, Herwards y Swassing (1997):[3] «Tratar a niños y jóvenes que provienen de otras culturas supone resolver de antemano algunos problemas de carácter individual y de nivel social relativos a la cultura dominante respecto de grupos de personas que pertenecen a culturas minoritarias». Aplicar

---

3. Howell, R., Herwards, W. y Swassing, R. (1997), «Los alumnos superdotados», en Heward, W. L., *Niños excepcionales: una introducción a la educación especial*, Prentice Hall, Madrid, pp. 435-480.

instrumentos descontextualizados sin tener en cuenta en qué situación se encuentran estos niños migrados a otro país, sin tener presente su estado socioemocional, implica no obtener resultados verídicos; pero atenderlos previamente, comprender dónde se sitúan, de dónde proceden y qué han vivido es primordial y prioritario para ofrecer una mirada en profundidad sobre su situación antes de evaluarlos. En este sentido, ver que hay profesionales entregados y comprometidos con su labor, como es el caso de esa profesora investigadora que visita el país de origen, es realmente maravilloso, siempre que sus estudios sirvan para aportar luz a una realidad que muchas veces es invisible, y para modificar prácticas que no sirven. Para eso debiera servir la investigación.

En cada país hay diferentes test o métodos, pero nosotros estamos tratando de contextualizarlos, de adaptarlos aquí. [...] los test no pueden ser los mismos para todos. Efectivamente, las investigaciones deberían servir para mejorar las prácticas, las pruebas, las estrategias de actuación. Además, es muy importante **contextualizar los instrumentos** que se utilizan en función de la situación cultural y socioeconómica de cada país. En primer lugar, es necesario saber en qué momento emocional está la persona antes de aplicar cualquier instrumento de evaluación. Pero, además, es fundamental contextualizarlo en cada entorno para que realmente sea eficaz y fiable, teniendo en cuenta, por un lado, cómo se identifican, qué instrumentos —**adaptados a la cultura y validados en ella**— se utilizan y cómo se postulan las concepciones sobre alta capacidad, y, por otro lado, qué tipo de respuesta psicoeducativa se va a recibir. Algunos expertos recalcan la necesidad de utilizar métodos de identificación más apropiados para grupos culturales minoritarios, que indican la conveniencia de incluir en la evaluación un proceso multifactorial que se adapte a los siguientes criterios (Ana María Peña, 2002),[4] los cuales amplío:

---

4. Peña, A. M. (2002), «Superdotación: factores culturales y barreras sociales», en *XXI. Revista de Educación*, n.º 4, Universidad de Huelva, pp. 261-269.

♪ El principal objetivo de la identificación debe ser incluir y no excluir.

♪ La recogida de datos para la evaluación debe hacerse a partir de fuentes diversas, que proporcionen información tanto objetiva como subjetiva.

♪ Las técnicas que se utilicen deben ser tanto formales (test de inteligencia, de rendimiento, motivacionales, emocionales) como informales (observación de su destreza para resolver problemas, sus habilidades, su curiosidad, cómo se organizan, dónde radica su motivación, cuáles son sus intereses, si hacen preguntas, más diarios de seguimiento, trabajos de los alumnos, opinión de los maestros y pruebas proyectivas).

♪ Se necesita tener sensibilidad para respetar y aceptar aspectos de otra cultura. Es fundamental también adaptar tiempos y espacios.

♪ El proceso de identificación debe comenzar antes de que el niño se enfrente a los prejuicios y estereotipos sociales.

♪ La información recogida a lo largo del proceso de identificación debe servir para la elaboración del currículo, realizando las adaptaciones necesarias y modificando las que sean precisas.

Tanto en situaciones en que se adapten otros materiales a situaciones concretas, donde no haya habido experiencia previa, como en situaciones en que se administren los instrumentos a grupos minoritarios, estas premisas podrían ser un punto de partida para hacer las adaptaciones correspondientes.

Muchas familias salvadoreñas migran a Estados Unidos, de estos países les llegan con la pobreza, la delincuencia. Estos niños tienen la autoestima muy dañada [...] Son niños que emocionalmente están muy mal. Claro, hay que trabajar esa parte emocional para que ese niño pueda sacar lo que sabe, para sacar su alta capacidad. ¡Cuán importante es el trabajo de las emociones! Y contar con un entorno psicosocioeducativo y cultural que sostenga el desarrollo adecuado de las personas —incluyendo el desarrollo emocional—, también de las que tienen altas capacidades. Y eso antes de comenzar a evaluar. Hay que pensar que muchas

veces, cuando los niños migran, y más si provienen de lugares conflicti-vos, su expresión emocional se siente afectada, su autoestima baja, sus intereses y valores son diferentes, participan poco o casi nada, tienen miedo y dolor. Tengamos en cuenta, además, que estos niños, y tam-bién los adultos, deben **hacer un doble duelo**. Uno hacia su propia cul-tura, al verla dañada, perjudicada, amenazada. Y otro por dejar su pro-pio país y migrar a otro muy diferente, donde existen posibilidades, pero también diferentes maneras de hacer, donde los valores y las normas cambian, y los intereses son bien distintos. Duelos que implican un tra-bajo interior a lo largo de un proceso de adaptaciones y asimilaciones de sus pérdidas, sin quedarse anclado mirando el pasado.

Otro aspecto es **la disincronía**, o mejor las disincronías, habituales en muchos niños con altas capacidades. Este término lo acuñó Terras-sier,[5] y, desde una dimensión evolutiva, se refiere al desajuste entre la capacidad mental de la persona que tiene una edad cronológica mucho más avanzada y la socioemocional, en la que puede tener una edad por debajo de la cronológica. Pero **las no sincronías** no solo se dan en este sentido. Hay varios tipos de disincronía:

♪ Las disincronías internas, que se relacionan con los diferentes y heterogéneos ritmos del desarrollo de los niños y niñas con altas capacidades, donde se incluyen la disincronía inteligencia-psicomotricidad, la disincronía lenguaje-razonamiento y la disin-cronía inteligencia-afectividad.

♪ La disincronía social, que se refiere a los desajustes o dificulta-des con el entorno, donde situaríamos la disincronía escolar, con la familia o con los iguales.

En este sentido, vemos la importancia de no basar los aprendizajes se-gún la edad cronológica de la persona, sino de adecuarlos a su edad

---

5. Terrassier, J. (1981), *Les enfants surdoués ou la precocité embarrassante*, ESF, París. El autor tiene varios libros sobre el tema de la disincronía.

evolutiva. Esta es una pista de trabajo, pero... ¿la distribución de las aulas favorece realmente este tipo de aprendizaje? Hoy día hablamos de trabajar por proyectos desde las escuelas, o de otras metodologías «activas» de las cuales, antes ya de la década de 1930, había en el territorio español muchas experiencias innovadoras (Rosa Sensat, Benita Gil, Julia Vigre, Gloria Giner de los Ríos, Ferrer i Guàrdia, Artur Martorell, Alexandre Galí, Alejandra Soler y Marta Mata, entre tantos otros), pero que, a causa de la situación sociopolítica del país, se interrumpieron.

Por otra parte, está la situación de cada país, las posibilidades de que las políticas públicas inviertan en el potencial de las personas con altas capacidades. Y más en el momento actual, donde el impacto del Covid-19 está causando estragos. Como comenta Evelyn Campos (2020):[6]

> Se pone una vez más en evidencia el poco interés que el sistema educativo ha tenido para el desarrollo de las competencias en las áreas científicas y tecnológicas. Los países más golpeados en tiempos de crisis social, pandemias y catástrofes naturales, son aquellos que tienen poca visión e inversión en el potencial de los estudiantes que podrían llegar a destacar significativamente en estas áreas. No es casualidad que El Salvador tenga escasos investigadores, científicos y personas eminentes.

No obstante, mi pregunta es: ¿esto ocurre solo en países que tienen pocas posibilidades de inversión o es «algo» también habitual en otros países que dicen estar evolucionados? En el caso español, ¿cuántos investigadores y profesionales que podrían brillar y aportar su potencial en pro del avance del propio país deben irse a lugares donde se les acoge y se valora su trabajo? ¿Y cuántos diamantes no tienen estas oportunidades y pasan de puntillas, desapercibidos y mal remunerados? Este es un tema punzante, real y demasiado cotidiano. No olvidemos que dejar perder el talento es dejar que el país se empobrezca.

----

6. Véase https://www.disruptiva.media/altas-capacidades-intelectuales-un-poten cial-que-no-se-aprovecha-en-el-salvador/.

¿Qué hacer?

En el libro de Paula Prober *Your Rainforest Mind*,[7] la autora explica el paralelismo existente entre la mente de las personas con altas capacidades y una mente de la selva tropical, la cual se caracteriza por ser compleja, con más actividad que en otros ecosistemas, con muchas capas, altamente sensible, vistosa, intensa, creativa, frágil, abrumadora, incomprendida, llena de posibilidades y vibrante con vida, muerte y transformación. Este vocablo de «mente selvática» va más allá del pensamiento, la cognición o el cerebro; trata también el corazón, el cuerpo, la mente y el espíritu. La autora afirma que la contribución de estas personas al planeta es mucho más valiosa **cuando se les deja libertad para ser lo que son** que cuando se les cortan las alas para forzarles a ser algo que no son. Su mundo es muy intenso, tienden a pensar mucho y a gran velocidad, y experimentan emociones complejas. Deberíamos tomar nota de estas apreciaciones, tanto desde el ámbito escolar como desde las empresas. Por otra parte, la idea irreal que existe sobre el término *gifted* —talento—, de ser excepcional tipo Einstein u otros, no es nada cierta, al ser un término que no solo es aplicable a nivel cognitivo, a sacar buenas notas, a ser brillante académicamente. De hecho, **el mayor logro es ser uno mismo.** Además, esta manera de ver los talentos no ayuda a que las personas se identifiquen con la realidad de tener altas capacidades, pues el término va mucho más allá e incluye otras características, como el ser desafiantes, la sensibilidad, la empatía, el perfeccionismo, la frustración, el cuestionamiento, la culpabilidad, la generosidad, la intensidad, la belleza y la justicia, entre otras muchas que he ido comentando y seguiré haciéndolo en los siguientes capítulos. Prober propone **un test**

---

7. Prober, P. (2016), *Your Rainforest Mind. A Guide to the Well-Being of Gifted Adults and Youth*, GHF Press, Washington.

para descubrir si se tiene una mente de selva tropical y nos ofrece unas **estrategias de acción para el bienestar**:

♪ Cuídate a ti mismo. Protégete cuando te sientas abrumado por los sonidos, los olores, las emociones, los pensamientos. Aléjate de ellos, escapa de ellos. Camina descalzo, párate y respira lenta y profundamente. Imagínate como si fueras un espíritu animal y canta, chilla, baila, sintiéndote parte de la naturaleza. Escribe en un diario, dibuja, pinta, exprésate tal como eres.

♪ Date tiempo para comprender tus sentimientos. Las mentes selváticas pueden tener sentimientos intensos, tómate tu tiempo. Pon límites.

♪ Si te sientes abrumado, pide ayuda. Calma tus emociones con técnicas de relajación, ejercicio, mindfulness, pintura, reiki, etcétera. Haz deporte, relájate antes de ir a dormir, escucha música, cuida de tu cuerpo.

♪ Utiliza tu intuición como algo positivo.

Por otra parte, esta mujer comprometida, en la que conviven diferentes tipos de flauta, creó en El Salvador, en 2017, la primera fundación para las altas capacidades después de años trabajando para ello. Es habitual, en los casos de invisibilidades, que sean las propias familias las que promuevan asociaciones o fundaciones para dar visibilidad a las necesidades de sus hijas e hijos. Después llegan —o no— los apoyos gubernamentales; eso sí, siempre justificando la «necesidad» de existir para seguir recibiendo algún que otro apoyo minúsculo. Fue a partir de la década de 1960 cuando muchas familias que tenían hijos con trastornos mentales y discapacidades —sobre todo el colectivo de familias con hijos con discapacidad intelectual— se movilizaron para crear asociaciones, al producirse un cambio de visión en cuanto a la concepción del término «discapacidad» y como respuesta a las pocas oportunidades psicosocioeducativas que sus hijos recibían del entorno. La creación de estas asociaciones fue uno de los ingredientes necesarios para poder avanzar en el concepto de «discapacidad e inteligencia», así como en la respuesta a las necesidades de estas personas con el objetivo de mejorar su calidad de vida.

¿Y para las personas con altas capacidades? Por ejemplo, Mensa fue creada en 1946, en Reino Unido, por Lancelot Ware y Roland Berrill, y a día de hoy se ha extendido a nivel mundial. Y sí, ciertamente, hay familias y profesionales que crean asociaciones, fundaciones, para **visibilizar las altas capacidades**. Estas asociaciones, además de la visibilización, brindan la posibilidad de ofrecer un espacio donde poder identificarse con modelos que presentan perfiles similares, **modelos de referencia** tan necesarios también cuando hay grupos muy minoritarios en algunos países, ofreciendo la posibilidad —entre otros beneficios— de **tener más motivación para desarrollar sus capacidades**. En cuanto a recursos por parte de los gobiernos, pocos; existen algunas becas, algunas ayudas, pero ¿son suficientes para llegar a tod@s? Pensemos que en cualquier país del mundo hay muchas familias que disponen de pocos recursos socioeconómicos y educativos. Hay niños que ni siquiera pueden ir a la escuela porque deben trabajar para llevar el sustento a sus familias; otros son poco o nada comprendidos, y, en esos países que dicen estar más evolucionados, las escuelas tampoco les ofrecen lo que necesitan. En casi ninguno de estos casos, los niños y las niñas, y todavía menos las personas adultas, están identificados. ¡Este es un tema todavía pendiente en nuestra sociedad! Por falta de conocimiento, de sensibilidad, de visibilidad, de voluntad de los gobiernos, y a veces por mirar hacia otro lado.

Con la compañía de la *Sonata para flauta y piano* de Poulenc, llega a continuación un sonido parecido a una flauta andina...

Diamante 8

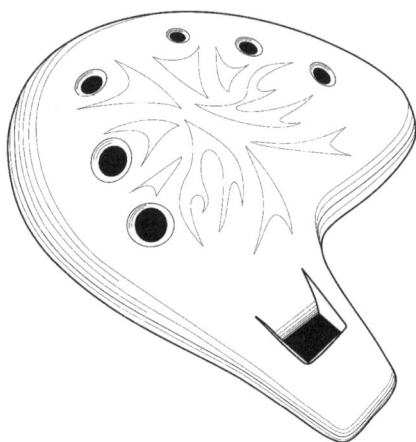

La suave y delicada ocarina,
como una flauta andina

Una joven superdotada
con un pasado de constantes
abandonos.

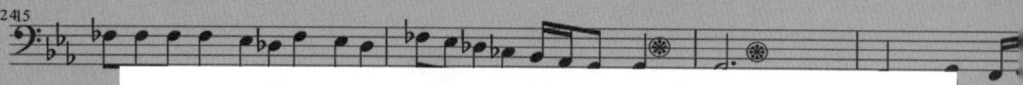

«Las altas capacidades no es todo lo que soy.
Cada persona es un mundo y una historia con sus ideales,

sus pasiones y sus puntos débiles.
La ignorancia es una lacra con la que me he visto atacada».

> En el ser humano el alma es el elemento central
> que permite resonar con los matices de la vida
> al tiempo que asegura la resistencia a sus adversidades.
> El alma es un finísimo soplo que se nutre o se debilita
> al contacto con la dimensión emocional, la que sería
> equivalente a la caja de resonancia.
> AMANDA CÉSPEDES[1]

La *honestidad* es algo que valoro por encima de muchas cosas. Soy Alicia, tengo 22 años y estudio el máster de ingeniería química de la UAM-URJC. Soy de Madrid.

Nací muy pequeñita, eso sí. Tuve que estar en una incubadora hasta llegar a los dos kilos. Mi madre no comía casi nada durante el embarazo, cosa que casi nos cuesta la vida a ambas. No tengo hermanos y nunca he vivido con mis padres debido a que fui un embarazo no deseado. He vivido con mis abuelos maternos y mi tío. Supongo que esto me ha dejado secuelas de *necesidad constante de atención* y *chequeo de que todo va bien,* junto a una gran *desconfianza* hacia gente mayor que yo. No permito que me toque gente mayor que yo por eso mismo. Mis abuelos me apoyaban y me apoyan, aunque hay momentos en los que no me entienden ni yo a ellos. Yo quería matricularme en Bellas Artes, pero no se me permitió. Odié cuando mi tío me dijo un día como si nada: «Menos mal que te sacamos de la cabeza esas ideas». No se va a ver venir, pero me gustan los mascarones de proa antiguos. Mi autora favorita, Robin Hobb,[2] escribió la trilogía de *Las leyes del mar.* Allí había un tipo de barco llamado nao rediviva que, tras ciertas cosas, cobraba vida y se reflejaba sobre todo en sus mascarones de proa, que adquirían color en sus cabellos, ojos y piel y dejaban de parecer madera muerta. La primera vista de un barco era su mascarón, que recibía primero el viento y veía a lo lejos. Creo que este es el momento de mi vida con el que más me identifico: *viendo algo prometedor en el horizonte y queriendo ir a más.*

---

1. Céspedes, A. (2013), *Educar las emociones,* Ediciones B, Barcelona, p. 15.
2. Robin Hobb es un seudónimo de la autora Margaret Astrid Lindholm Ogden (1952).

Lo que más me ha dolido en mi vida es *que me rechazaran*. Ya desde el principio mis padres me rechazaron, así que aún a día de hoy ese es mi punto más débil. Tengo *tolerancia cero a la frustración* por culpa de eso. Hubiera dado la mitad de mi vida por un hermano con quien compartir no solo las altas capacidades, sino todo, por tener alguien en quien confiar, que viera la vida igual que yo, con quien poder hablar sin esconder nada. Un mellizo o gemelo o algo así. No quería estar sola. Ahora mis amigos me ven con rol de hermana mayor o madre y los tengo «adoptados».

Este es uno de mis primeros recuerdos. Tendría casi dos años, aún no sabía hablar bien ni iba al colegio. Recuerdo estar una tarde en el sofá entre mis abuelos, viendo los pitufos. Ellos se habían dormido. Pensé: «¿Me levanto del sofá?», pero luego pensé: «Naaah» y me quedé. No sé por qué recuerdo eso, pero pensamientos así los he tenido muchas veces. Cuando tenía cuatro o cinco años, abrí un armario en diciembre y vi el muñeco que quería para Reyes. Pensé en sacarlo y preguntar qué hacía ahí. No lo hice para no quitarles a ellos la ilusión. Ahora me río de eso. Hacerme la loca pretendiendo que me tenían engañada. *Aprendí a leer con cuatro años porque en casa no me contaban cuentos para dormir y me los tuve que leer yo.*

De pequeña fui al colegio justo al lado de mi casa. Un poco tarde, a mitad de curso, con tres años, debido a una meningitis que me tuvo hospitalizada un tiempo. En mi clase solo éramos cinco niñas y formábamos una piña. Jugábamos juntas en todos los recreos en preescolar. Yo era la niña marimacho, supongo. Aún lo soy. *Me gustaba jugar a lo tonto*, como todos los niños, correr, perseguirse, el escondite, el escondite inglés, esas cosas. Después me gustaba mucho *la consola, con juegos de rol y puzles*. En el parque, mis favoritos eran los columpios y los castillos de cuerdas. *Me colgaba como un mono*, y si ahora me dejas al lado de uno, lo escalo y hago el mono también. Tuve un montón de actividades extraescolares en primaria, ahora que lo pienso. Cuando era pequeñita, no comía mucho y el pediatra dijo que me llevaran a hacer deporte. Mira si era pequeñita que, cuando nació mi prima, fuimos al hospital a ver a mi tía y al bebé, y recuerdo que me pusieron al bebé en brazos y era casi más grande que yo (tenía seis años). Tomaron una foto y salgo con cara de bicho travieso. Pues eso, el pediatra había dicho que me llevaran a hacer deporte. Había un polideportivo cerca, así que fui a natación y a campamentos urbanos varios años (aún voy a natación) y mano de santo. Cansada y con hambre, problema resuelto. También iba a catequesis e hice la comunión, pero más allá de la comunión soy atea. Después iba al coro de la parroquia y cantábamos en las misas. Lo dejamos todos cuando la monitora maja se mudó y ya no pudo venir, dejando a una monitora amargada como reemplazo. También fui a informática cuando tenía 9-11 años. No aprendí mucho, pero era entretenido. Me hubiera gustado aprender Photoshop como algunos compañeros. Me viene a la cabeza «Wind of change», de Scorpions, suelo escucharla, también mientras escribo, y es genial. En el colegio tocaba la flauta como los demás niños. Intenté aprender a tocar el piano con un profesor particular, pero no terminé de apreciarlo como debería. Algún día me gustaría volver a intentarlo. En una expo de anime me compré una ocarina de cerámica; me gustaría aprender a tocarla, pero me da miedo que se rompa y no suelo sacarla mucho. Tiene un sonido muy suave, similar a una flauta andina o flauta de pan; es un instrumento pequeño y no parece muy difícil de tocar, solo requiere práctica y dedicación. Me gusta *el rock, el rap, el metal y la música de los 70-90*. No me gusta el reguetón, con sus letras machistas, ni la mayoría del pop comercial, aunque algunas canciones recientes me gustan mucho. También, para qué negarlo, me gustan canciones en japonés usadas como opening o ending en anime, hasta el punto de buscar el grupo y *escuchar más canciones suyas*. Para estudiar suelo usar ondas alfa, bandas sonoras de series o música ambiental.

Cuando llegué a primaria, estaba claro que algo pasaba conmigo; entre otras cosas, enseñaba a leer a los niños que aún no sabían. Me mandaron al psicólogo del colegio. De ahí a la psicóloga del hospital. Vieron que era superdotada y estuve haciendo las mismas pruebas desde que tenía seis años hasta los 16 o 17, cuando ya me cansé y le dije que me parecía estúpido hacer las mismas pruebas a un niño que a un adolescente. Entonces se hizo la digna y «me dio el alta». Como si estuviera enferma. Eso *fue de lo más indignante* de todo. Seguí yendo al psicólogo hasta final de secundaria, en que *me harté*. Me llevaban ahí media vida para dibujar el maldito árbol, la estúpida casa y el monigote bajo la lluvia. *Era demasiado fácil mentir en los test de an-*

siedad para que me dejaran en paz. Ya hasta hacía cosas distintas para ver qué me decían, como si fuera un videojuego.

Volviendo a los seis años... De ahí todo fue cuesta abajo. Entre eso y que era la única niña sin padres y zurda... ¡Uf! *Niños, padres de niños y profesores me acosaban y humillaban.* Ya no jugaba. Tuve que cambiar de colegio. Fui a uno de monjas en tercero de primaria. Resultó aún peor. La psicóloga de allí y la mayoría de los profesores y adultos me tomaban por un saco de boxeo. No volvería allí ni por todo el dinero del mundo. *Rumores, aislamiento,* todo. Los peores años de mi vida los pasé allí. Un día más, aguanta, ya queda poco. No me extraña que haya niños, superdotados o no, que se suiciden. Luego es repugnante ver actuar a la gente del colegio como si no hubieran roto un plato en su vida.

Tras detectar que era superdotada, cuando tuve siete años y empezaba tercero de primaria, me llevaron al PEAC (Programa de Enriquecimiento Educativo para Alumnos con Altas Capacidades, de la Comunidad de Madrid). En este punto me suena de nuevo la canción «Wind of change» de Scorpions, le viene como un guante... Había talleres los sábados por la mañana. Dos sábados al mes. Viendo el colegio, eso era el cielo. En cinco minutos, niños nuevos de allí ya éramos amigos como de toda la vida. Me alegro mucho de haber ido allí, a pesar de madrugar los sábados. También me alegro de *ese refugio* para los niños que van allí, ojalá sigan creciendo. *Allí sí que podíamos ser nosotros mismos sin que nos miraran raro ni nos hicieran daño.* Tras acabar bachillerato, obtuvimos un título para poder presentar nuestras candidaturas a los premios Max Mazin,[3] becas para poder apoyarnos en los estudios universitarios, que gané en las ediciones tercera y quinta. Aquí debo añadir algo que va a sonar cruel, pero alguien tiene que decirlo. Si una persona con síndrome de Down va al Ministerio de Educación y pide una beca, se la dan. Si vamos nosotros, nos dan una patada en el culo.

---

3. Programa de becas de la Comunidad de Madrid. Los destinatarios son alumnos del Programa de Enriquecimiento Educativo para Alumnos con Altas Capacidades que vayan a realizar estudios universitarios de grado y posgrado.

En el colegio, hubo *profesores muy desgraciados que me hicieron de menos solo por ser superdotada. Una incluso pensó que para motivarme tenía que ponerme deberes extra en quinto de primaria. Y nadie valoraba si un examen o cualquier otra cosa me salía bien.* Simplemente decían: «Es que eres superdotada» y seguían de largo. En casa tenía pánico si sacaba malas notas. La regañina me hacía llorar y podía durar días. En segundo de secundaria hubo un momento en que me quedó sociales en la segunda evaluación. Aunque la recuperé en la tercera evaluación (no había septiembre si no te quedaba la asignatura completa), mi tío —nini— me hizo estudiar los Austrias y leer *Alatriste* todo ese verano. Antes ya no me gustaba la historia, pero desde entonces le tengo tirria a la historia y a la novela histórica. *En secundaria tuve algunos problemas porque nadie nos había enseñado a estudiar,* pero en bachillerato mis notas fueron bastante buenas. Además, allí, si no decía que era superdotada, nadie se daba cuenta.

Nunca he faltado al colegio ni a ninguna clase a no ser que estuviera muy enferma, con mucha fiebre o algo así. *Odio perder una clase* y luego tener que imaginarme qué me perdí para recuperarla. Porque nadie me ayudaría si me la perdía. Había profes buenos, malos y de los que parecen buenos. A los malos les ves venir, pero a los hipócritas no.

Afortunadamente, esa secta de monjas a la que fui no tenía bachillerato y fui a otro instituto. Este era de curas. Mis notas volvieron a subir: ese verano me había concienciado para darlo todo ahora que no estarían ellos para matarme de nuevo. Ironías de la vida, muchos de mis compañeros eran del antiguo colegio de monjas e, inevitablemente, alguien volvió a soltar ese falso rumor que me torturó toda la secundaria. Me congelé. Otra vez no. No de nuevo. Dos años más no. Se me saltan las lágrimas y me tiemblan las manos al recordarlo. *Le debo toda mi gratitud al profesor de filosofía que paró esto en menos de una semana y a dos compañeras* (una antigua y una nueva) que no se separaron de mi lado esos días. A día de hoy *me sorprende que ese profesor parara en unos pocos días lo que nadie se molestó en detener durante años en los dos antiguos colegios.* Conseguí hacer amigos. No me lo creía ni yo. *Mis notas fueron estupendas. En trabajos en grupo, normalmente hacía mi trabajo e intentaba conciliar a los demás.* En bachillerato tenía más *rol*

de líder al estar más tranquila. Aunque *no muchos amigos*. En bachillerato aprendí a tejer, así que mis planazos de tiempo libre consistían
en tejer, dibujar y ver vídeos en YouTube o series de anime. Visto desde fuera, quizá parezca aburrido, pero merecía la pena. Eventualmen-
te llegó la selectividad y salí de ella el viernes con «Stayin' Alive» de
los Bee Gees a todo volumen en los cascos. ¡Por fin!

Lo que me hacía más feliz durante la infancia y la adolescencia era
poder estar tranquila. Ver a mis amigos y estar con ellos. Poder reír
bien a gusto. ¡Los veranos sin colegio eran lo mejor de todo! Ya *me consideraban algo rarita de pequeña*, pues me gusta leer y el anime, no me
gustan las fiestas ni sé bailar, apenas bebo... No era como los demás.
Mi madre fumaba y se drogaba de joven (supongo que esa es una de
las razones por las que existo), así que tengo tolerancia cero a las drogas y a emborracharse. Entiendo que alguien beba una o dos copas con
los amigos, pero sin excederse. Eso sí que no. Me gustaba más escribir relatos cortos que salir a ligar. Y también digo que *yo antes podía
dar mucho miedo*. Supongo que fue mi medio para que no me hicieran
más daño del que ya me hacían. Mi vida amorosa no es nada del otro
mundo, soy enamoradiza como tonta, pero muchos me rechazaron y
otras veces se veía que no iba a funcionar. Tuve un novio durante algo
más de tres años, pero no funcionó: somos mejores amigos que pareja. ¿Valores? Creo que tengo un *fuerte sentido de la justicia* debido a que
fui discriminada toda mi vida. No tengo reparos en decir algo o en
dar un paso al frente si algo me chirría. *No tolero la hipocresía ni las mentiras* dichas con mala idea. *Aún menos las traiciones.* Soy una persona
muy tranquila, pero capaz de enfurecerme en un parpadeo.

Unas semanas después me aceptaron en el grado de ingeniería química de la UAM. Fui muy feliz ese verano. Cuando entré en la universidad el primer día... vi a una de las abusonas del colegio de monjas que no había estudiado bachillerato conmigo. No pasó nada, pero
estuve unos días paranoica con ella. Supongo que *en un uno contra uno
no se atreven*... y menos sabiendo que ahora no voy a andarme con chi-
quitas, pensé. La perdí de vista cuando empezó a suspender asignaturas y yo a aprobarlas. Aquí ser superdotada no importaba. Todos
iban a lo suyo, cosa que veo muy bien. Desde ahí fui a curso por año
y ahora estoy con el máster. ¿Que cómo veo mi presente y mi futu-

ro? Pues me veo bastante bien, con carrera, cursos de verano y festivales de talento, un buen nivel de inglés, prácticas y TFG en el CSIC, y ahora iniciando un máster con prácticas con el grupo AVEVA. Veo mucho potencial por delante. No puedo permitirme vaguear ahora. Mi primer trabajo fue las prácticas externas de grado. Las hice en el CSIC con un proyecto para inmovilizar colorantes en materiales MOF (unas estructuras porosas regulares), y viendo el tamaño y las características de colorante y poros del MOF: buscábamos los mejores candidatos y los llevábamos a la práctica. Me gustó mucho porque había un buen ambiente de trabajo y no era estar encerrado en un aula apuntando cosas que luego no usaríamos. Hacíamos cosas reales. El problema era que nos pagaban a los estudiantes con café y galletas (y entre nosotras, no vi a más de dos científicos titulares en bata haciendo algo en el laboratorio). Con esa *motivación* es difícil que muchos queramos investigar. No creo que sea un problema de fondos para investigar, sino de la forma en que se cuida a los estudiantes desde el primer momento. Teniendo la universidad al lado, creo que nos consideraban un poco «de usar y tirar».

Uno de los momentos más especiales que recuerdo sucedió el último día de primero de carrera. Quiero resaltarlo porque era un momento tan sencillo que era perfecto en sí mismo. Mayo. Salía del último examen de la convocatoria ordinaria. Con una amiga, Cristina. Salimos por la parte trasera de la facultad, la que está cerca de los campos de fútbol, tenis y demás deportes. No fue algo grande ni pomposo. Fue salir y caminar tranquilamente hacia la estación de tren para volver a casa. Estábamos tranquilas y hablábamos de nimiedades: qué haríamos ese verano de casi cuatro meses, lo mucho que dormiríamos y haríamos el vago. Vimos puestecitos de madera para actividades deportivas e intentamos hacer un poco el tonto, algún abdominal y otros ejercicios, pero mal hechos, y nos reíamos de lo tontas que parecíamos en la calle desierta haciendo el payaso. Creo que ese fue el mejor momento de mi vida. Sencillo, tranquilo y feliz. No necesito más. Recordando ese bello momento, me viene a la cabeza «Right here waiting», de Richard Marx.

Creo que he estado centrando la atención fuera de las altas capacidades. Pero creo que es normal, eso no es todo lo que soy. Cada persona es un mun-

do y una historia con sus ideales, sus pasiones y sus puntos débiles. Por ejemplo, no me define tener cabello castaño. Es una característica más. *La gente con altas capacidades es normal y corriente como cualquier otra. Solo buscamos un trato justo cuando no lo recibimos. La ignorancia es una lacra con la que me he visto atacada.* En tercero de carrera fuimos a la refinería de Puertollano y una señora habló un poco sobre qué hacían allí y demás, y luego nos llevó a una salita con zumos, café y galletas para un descanso. Allí una compañera preguntó qué proceso de selección realizaban para trabajar en Repsol. Una de las fases era un test instintivo que me recordó a una de las pruebas para detectar altas capacidades. Cuando se lo dije, la señora me miró con asco y dijo que *allí no contrataban a gente así porque «se endiosaban».* Una amiga me dijo que no me lo tomara como algo personal, pero le respondí: «Si hubiera dicho eso de las lesbianas, te habrías tirado a su yugular». Mi amiga se calló. Cuando se lo conté a un amigo que había ido al PEAC conmigo, me dijo que debería haberle dicho a esa señora: «Hace mucho que no te pegan, ¿verdad?». Nos reímos, pero, tras esas sonrisas, ambos sabemos que él tenía razón. Con esto, acabo de recordar algo de secundaria. *En cuarto tuve problemas con las mates y no se les ocurrió otra cosa a los del colegio que volver a hacerme las pruebas de superdotados. No les entraba en la cabeza que yo pudiera suspender.* No tenían visión ni preparación para alumnos como nosotros. No ven que tras putear (perdón por la expresión) a un niño toda su vida, ese niño esté deprimido y no pueda más. Esto necesita un cambio radical de pies a cabeza.

—Muchas gracias, Alicia, por querer aportar tu testimonio. Sé que no es fácil hablar de ciertas cosas que nos han pasado en la vida. —No puedo por menos que abrazarla con estas palabras que le lanzo. Me emociona su vivencia, su sensibilidad, su compromiso, su manera de ser.

    —Gracias a ti por darnos visibilidad. No me he centrado en la superdotación porque es algo más de mí, pero no lo principal. Todos y cada uno de nosotros tenemos nuestras características. Es la **envidia** y la **ignorancia** lo que nos maltrata cuando más frágiles somos. *Algunos caemos y/o dejamos que nos pateen, o nos levantamos y los hacemos huir. ¿No importa cuántas veces caigamos, sino cuántas nos levantemos? Mentira. Las primeras importan. Las segundas miden cuánta determinación tenemos.*

Para comprender más...

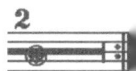

The Pretty Things me hace pensar en esa peregrinación de colegios, psicólogos, acoso, agresiones... La historia vuelve a repetirse, como en algunos de los diamantes que aparecen aquí, como en tantos otros casos. *No tenían visión ni preparación para alumnos como nosotros. No ven que tras putear (perdón por la expresión) a un niño toda su vida, ese niño esté deprimido y no pueda más.* Efectivamente, a pesar de lo que muchos creen, la superdotación, los talentos, la precocidad intelectual y las altas capacidades no son sinónimos de éxito. ¿Que ha fracasado a nivel escolar muchas veces? ¿Que hay dificultades o asignaturas suspendidas? ¿Que no todo es automático y requiere esfuerzo, dedicación, interés, motivación... y que alguien reconozca su trabajo? **SÍ, SÍ y SÍ.** En el primer capítulo ya lo hemos visto. La situación vuelve a repetirse. Como nos dice Alicia, *esto necesita un cambio radical de pies a cabeza.*

La **baja tolerancia a la frustración** es una de las características de las personas con altas capacidades; además, en el caso de Alicia, vemos que ha vivido constantes rechazos ya desde antes de su nacimiento, lo cual produce todavía más frustraciones y un gran dolor en lo más profundo de su ser. Por otra parte, a pesar de que «lo que determina cómo sobreviven los niños al trauma, física o psicológicamente, es si la gente que los rodea —en particular los adultos en los que deberían poder apoyarse y confiar— está de su lado dispuesta a ofrecerles amor, sostén y estímulos»,[4] en el caso de la ocarina vemos que lo que la impul-

---

4. Perry, B. y Szalavitz, M. (2016), *El chico a quien criaron como perro*, Capitán Swing, Madrid.

sa a estar mejor es su capacidad para seguir adelante, su **perseverancia**.

Crearse corazas para no sufrir. *Y también digo que yo antes podía dar mucho miedo. Supongo que fue mi medio para que no me hicieran más daño del que ya me hacían.* Sí, Scorpions y su «Wind of change» les va muy bien. Es habitual que la persona, como medida de protección, cree capas de cebolla para pasar más desapercibida o para protegerse de su exposición. Estas personas a veces son anuladas, apartadas, odiadas, incluso atacadas por su manera de ser, por sus capacidades. Algunos autores han asociado esta situación haciendo referencia al **síndrome de alta exposición**, o síndrome de la amapola alta —*tall poppy syndrome*—. El origen está en las historias de Heródoto. Explica que Periandro envió a un mensajero, Heraldo, a consultar a Trasíbulo de Mileto qué hacer para gobernar mejor y tener más fuerza. Trasíbulo le mostró un campo de trigo y, sin decir nada, fue cortando los tallos de las amapolas más altos que el trigo. El emperador interpretó que debía acabar con los que más sobresalían. Este síndrome explica que las personas con altas capacidades se sientan amenazadas por destacar, así que para protegerse evitan precisamente destacar, pues sienten miedo, y se crean muchas veces esas corazas para «disimular» sus capacidades o esconderlas. Es muy habitual en la adolescencia, sobre todo en las niñas, pero también en la edad adulta, en el ámbito empresarial, cuando las personas muestran sus talentos y destacan.

La soledad que acarrean muchas de estas situaciones, y otras, comporta a veces una cierta **invisibilidad**, otro de los aspectos comunes de las personas con altas capacidades. Para Alicia, sus heridas —la poca o nula aceptación recibida del entorno— comportaron dolor, incomprensión y, a los ojos de fuera, invisibilidad. En las personas con altas capacidades existe un sentimiento de que hay algo diferente, algo que no funciona, en la manera de ser y estar; saber el diagnóstico ayuda a comprenderlo. Pero no solo eso. Se trata de explicar a las personas de alta

capacidad qué implica y cuáles son las emociones y los sentimientos asociados. Se tiene la sensación de ser raro, de que no se encaja, y saber cómo se es da sentido a la forma de funcionar, a esa sensación de baja motivación, justiciera, de honestidad, de gran sensibilidad, de soledad, y a veces de sentir cierto **tedio**, derivado del cansino aburrimiento ante situaciones injustas, situaciones o conversaciones insulsas, con poco argumento, o situaciones planteadas a sí mismo en forma de desidia. Las sobreexcitabilidades de las que hablo en un capítulo posterior proporcionan una posible explicación a esta forma de sentir.

Pero precisamente por ser como se es y sentir como se siente (en este momento me acompaña Tom Waits), existe muy **poca comprensión por parte de las otras personas**, te malinterpretan, muchas veces se alejan. Existe una cierta... ¿envidia? No me refiero tan solo a esa posible envidia que, según algunos autores, los superdotados pueden sentir hacia las demás personas, que aparentemente lo tienen todo, sobre todo la capacidad de ser —aparentemente— ellos mismos. No, me refiero a la envidia que los otros sienten hacia ellos. Por ser como son, por sus propias capacidades, por ser diferentes, los demás quieren aniquilarlos, como hemos visto que pasa con el síndrome de la amapola alta. Pero en realidad quizá se trate de quitarlos del medio, no solo porque lo que es diferente no gusta, sino para que no les hagan sombra. Castilla del Pino[5] afirma que «la envidia requiere un contexto en el que las dos partes de la interacción ocupan posiciones asimétricas, esa asimetría juega en favor del envidiado, aunque no lo perciba, pues es vivida por el envidioso como intolerable, porque no se acepta, se tiende a no reconocerla y a negarla. La mera presencia, real o virtual, del envidiado en el mundo, empírico o imaginario, del envidioso, le depara a este efectos deletéreos —venenosos, dañinos, perjudiciales—». Es ese no soportar a las personas con altas capacidades, por ser diferentes y capaces, y se intenta perjudicarlas, a partir de ese posible sentimiento de envidia, por ser precisamente como son. Castilla del Pino comenta

---

5. Castilla del Pino, C. (2000), *Teoría de los sentimientos*, Tusquets, Barcelona, pp. 229-238.

que uno de los efectos que produce la envidia está relacionado con la creatividad. «Una de las invalideces del envidioso es su singular inhibición para la espontaneidad creadora. La propia creación surge de uno mismo, todo sujeto es original, siempre y cuando no se empeñe en ser como otro: una forma de plagio de identidad que conduce a la simulación y al bloqueo de la originalidad». Esa originalidad, ese ser diferente, ese ser creativo que es la persona con altas capacidades, podría querer ser destruida por el o los envidiosos. «El envidioso no dejará de serlo por lo que ya posee, seguirá siéndolo por lo que carece y ha de carecer siempre, a saber: ser como el envidiado».

¿Qué hacer?

A pesar de todos los tropiezos que han ido surgiendo a lo largo de la vida de esta preciosa ocarina, hay una parte muy sana de Alicia en cuanto a su **autosuperación**. Veamos: *Algunos caemos y/o dejamos que nos pateen, o nos levantamos y los hacemos huir. ¿No importa cuántas veces caigamos, sino cuántas nos levantemos? Mentira. Las primeras importan. Las segundas miden cuánta determinación tenemos. ¿Resiliencia?* Barudy y Dantagnan (2007)[6] postulan que, para hacer frente a las adversidades y los traumas, la resiliencia infantil, gracias al afecto, la toma de conciencia y el apoyo social, puede ser una buena aliada. Además, las oportunidades de nuevas experiencias de buen trato modifican la actividad cerebral y la larga estructura del cerebro, y pueden promover un desarrollo sano. Para ello proponen como figura *el tutor de resiliencia*, profesional que acompaña en este caminar tanto a niños como a adultos, valorando sus propios recursos y capacidades que les han permitido seguir adelante, y ofreciéndoles recursos terapéuticos adaptados a sus necesidades. Un profesional que, según los autores, apoye y proteja a niños y niñas de los profesionales que se obsesionan en diagnosticar trastornos, daños, enfermedades, síndromes.

La **perseverancia** es otra de las características que muchas personas con altas capacidades poseen. En este sentido, la abordo como un factor protector en el caso de nuestra ocarina. *Las segundas miden cuánta determinación tenemos.* Tal como afirma, perseverar supone seguir con determinación, en este caso apostando por lo que uno cree justo, a pesar de todas las dificultades que se han ido encontrando. Es cierto que si trasladamos este concepto a un ámbito más genérico, es ha-

---

6. Barudy, J. y Dantagnan, M. (2007), *Los buenos tratos a la infancia: parentalidad, apego y resiliencia*, Gedisa, Barcelona.

bitual disponer de esa **voluntad** como si de una sombra se tratara, lo que implica una gran **capacidad** para hacer el trabajo, las tareas, para conseguir los objetivos que se propongan o para aprender algo que interese, **buscando** los medios para hacerlo con **dedicación** y **entusiasmo**. El problema es caer en el perfeccionismo, como hemos visto en un capítulo anterior. Eso sí, siempre que uno esté **motivado e ilusionado**, o que considere **necesario** hacerlo, pues, si no, esa perseverancia desaparece del todo.

Algunos de los **ingredientes básicos** de la perseverancia son: motivarse, buscar, ilusionarse, entusiasmarse, necesidad, dedicación, capacidad de acción y voluntad.

De este modo, se convierte en un **maravilloso reto** que lleva a irse superando cada vez más por el camino, atreviéndose, animándose, desarrollándose, madurando, creciendo, evolucionando, avanzando, descubriendo y descubriéndose, sintiéndose bien.

A día de hoy me sorprende que ese profesor parara en unos pocos días lo que nadie se molestó en detener durante años en los dos antiguos colegios. Afortunadamente para Alicia, en la época de la educación secundaria, hubo un profesor que se implicó en la situación de abuso. ¿Cuál sería la forma de parar, o por lo menos de intentarlo? Evidentemente, influye la sensibilidad del profesor, el querer implicarse. Pero no debería recaer esa responsabilidad tan solo en una profesora o un profesor sensibilizados. La actuación debería ir mucho más allá. Hoy día hay protocolos, y en el territorio español existe la responsabilidad de activarlos desde la dirección de las escuelas si hay una sospecha de acoso. Estamos acostumbrados a abordar estas situaciones de forma aislada, por parte de los profesionales más sensibilizados, realizando actuaciones de mediación u otras, pero si desaparecen las personas no se hace nada. Tampoco sirve el hecho de hablarlo entre las familias. Los padres deberían dirigirse a la escuela siguiendo el circuito, a través del tutor, la dirección, los equipos psicopedagógicos y la inspección. Por tanto, insisto, además de tener en cuenta dichos protocolos, se debería realizar una **intervención estratégica**, incluyendo a todos los actores implicados en el centro escolar: maestros, profesores, coordinación, dirección, alumnos en su conjunto, víctimas y agresores, familias, y otros servicios de la comunidad, trabajando en red. Y que quede reflejado en el Plan de Acción Tutorial de los centros. Lo mismo podría contemplarse a nivel profesional, en las empresas, disponiendo de un plan de actuación y/o un protocolo para los casos de *mobbing* o acoso laboral. Y no solo para abordarlo, cuando se dan ciertos casos, sino para prevenirlo, más allá del modelo de denuncia que se protocolarizó en España en el Boletín Oficial del Estado:[7] BOE número 130, de 1 de junio de 2011.

Fiorenza y Nardone (2004)[8] proponen un modelo de intervención en los ámbitos escolares para diseñar el esqueleto de este tipo de intervenciones. Estos serían los pasos que pueden inspirar su ejecución, adaptándolos al contexto y a las necesidades:

♪ **Definición del problema.** Qué se identifica como problema, con qué modalidad de comportamiento observable se manifiesta, cuándo suele manifestarse, con quién se manifiesta y con quién no, dónde y en qué situaciones aparece, con qué frecuencia e intensidad se manifiesta.

♪ **Definición de los objetivos.** Trabajar con un objetivo es ponerse una meta, un punto de llegada, y definirlo es como ponerse frente a un puzle teniendo delante el resultado final, la imagen completa que se verá fuera de nuestras asociaciones individuales.

♪ **Definición de las soluciones intentadas.** Especificar cuáles son las estrategias y técnicas aplicadas, y la redefinición del problema. Afrontar la dificultad de forma inadecuada (se interviene cuando no se debería, o no se interviene, o se interviene de forma equivocada) lleva a crear un problema, pues, al no resolver la dificultad, se vuelve a aplicar la misma solución. Es necesario determinar cuál es la solución fundamental e intervenir directamente en ella.

♪ **Definición de las estrategias.** El objetivo es que el maestro deje de utilizar las soluciones intentadas que, en lugar de resolver el

7. Véase https://www.boe.es/diario_boe/txt.php?id=BOE-A-2011-9529.

8. Fiorenza, A. y Nardone, G. (2004), *La intervención estratégica en los contextos educativos. Comunicación y «problem-solving» para los problemas escolares*, Herder, Barcelona.

problema, lo han mantenido, e introduzca cambios de comportamiento que pueden desbloquear las situaciones, dentro de las interacciones en las que el problema se manifieste. Aquí incluiríamos los protocolos, haciendo partícipes a todos los actores, como he comentado anteriormente.

Por otra parte, los programas extracurriculares son posibles aliados para las personas con altas capacidades. En este caso, ocarina asistió durante bastantes años al PEAC —Programa de Enriquecimiento Educativo para Alumnos con Altas Capacidades, de la Comunidad de Madrid—. En los diferentes países encontramos programas similares. Realmente estar con personas con las que poder compartir, experimentar, hablar, con grupos que te hacen sentir parte integrante de ellos, es muy importante para adquirir un sentimiento de pertenencia, además de realizar una labor de acompañamiento.

Acompañada por el «Bolero of Fire», de *The Legend of Zelda: Ocarina of Time*, cojo energía hacia el siguiente movimiento. Te va a llegar muy adentro también.

Diamante 9

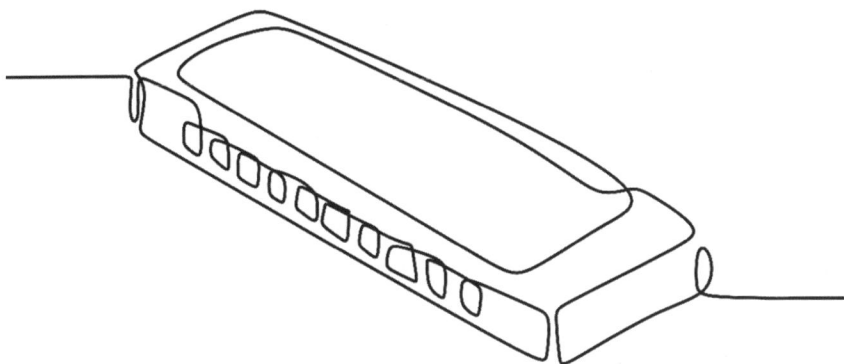

Una armónica para
comenzar un nuevo día

39 años.
Unas altas capacidades
que derivaron en adicciones.

«Siempre he necesitado algo más,

y ese algo más llegó por otras vías menos beneficiosas».

> Still at the end of every hard day people
> find some reason to believe.
> BRUCE SPRINGSTEEN, *Nebraska*,
> «Reason to Believe», 1982
>
> Nunca es tarde, nunca te rindas,
> deshazte del miedo, mañana empieza hoy.
> ¡Levántate, no te dejes ganar, y echa a volar!
> Mägo de Oz, *Gaia II: la voz dormida*,
> «Mañana empieza hoy», 2005

Tuve una infancia feliz, me sentía muy querido por mis padres, mi hermano, mis abuelos, toda mi familia, era muy *curioso y tozudo, rebelde, desafiante*, decían que *agotaba a todos*. Me contaban que tenía *rabietas*, que *me gustaba salirme con la mía, me daban todo lo que quería*. De pequeño me gustaba mucho reunirme con toda la familia, unidos, aunque eso duró poco tiempo. Luego las cosas cambiaron. Y para mí fue habitual *ser como el avestruz, bajar la cabeza y alejarme*. Por *miedo a que no me comprendieran*, a que me tacharan de drogata y ya está, o simplemente porque *era más fácil huir*. Siento que *no me han comprendido, y he experimentado también esa extraña sensación de soledad*. Ahora, después de muchos años, sí que me encuentro muy feliz, uno más de la familia con mi mujer, que es una persona maravillosa, y los suyos. A pesar de vivir en un país muy distinto al mío, me siento mucho mejor por primera vez en mucho tiempo, a pesar de la situación de pandemia. Latinoamérica me ha dado una segunda, o tercera, o cuarta oportunidad, creo que esta vez irá bien. El trabajo no pinta mal, estoy en un proyecto nuevo, cuentan conmigo y me valoran, para mí es un orgullo. Todo el mundo tiene derecho a cambiar. Miro para delante y ahora no me da miedo, *me siento seguro*. Hacía mucho tiempo que no me pasaba esto.

En párvulos —recuerdo—, la maestra estaba encantada conmigo, con la letra que hacía, *aprendí muy pronto a escribir, me gustaba*, cuando hacíamos caligrafía con tinta era muy cuidadoso a pesar de ser zurdo, me salía un trazo precioso —eso decían—, pero es que lo hacía tan bien con la derecha como con la izquierda. Creo que *ese fue el único apoyo que tuve en la escuela, a pesar de que los test de inteligencia siempre me salían muy por encima de la media,* pero con eso me quedé, un alto coeficiente y ya está, *aunque había áreas que no me salían con puntuaciones tan altas.* Recuerdo que en el colegio, cuando era pequeñito, hasta sexto, *tenía un muy buen grupo de amigos,* compartíamos cómics, tebeos, y patinábamos. Todavía tengo contacto con uno de ellos, que se dedica a la venta de material para patinaje; lo compartíamos y todavía me gusta. Me gustaba mucho jugar con legos, construcciones, Scalextric, trenes eléctricos, coches teledirigidos, juegos de rol. Y los coches. Iba a la montaña con los *boy scout,* eso sí. Pero tampoco tenía nada que me apasionara excesivamente. Me gustaba y me sigue gustando mucho la *cultura egipcia,* los faraones, el misterio de las pirámides y *todo lo que sea inexplicable,* Stone Head, siempre he querido ir a Escocia. William Wallace me parecía muy interesante. La historia medieval y todo lo que esconde me resulta fascinante. La cultura maya... Desde muy pequeñito, la isla de Pascua y los moáis me llamaban mucho la atención, y ahora que vivo aquí espero ir a verlos pronto. Una obra que me atraía era *Saturno devorando a sus hijos,* y las pizarras, la pintura mural en general. De pequeño disfrutaba con las videoconsolas... *La guerra de las galaxias* y los juegos de lucha, como la saga de *Tekken,* pero sobre todo los de rol, cuanto más largos y con más enigmas mejor. Ahora juego muy poco, a veces a alguno de estrategia, tipo Risk, pero ya muy poco. *Travieso, revoltoso, gracioso,* era lo que decían de mí, y sí, *muy listo y fantasioso, decía mentirijillas, eso me ayudaba a camelar a todos, de eso me serví también más tarde.* Estuve yendo a unos cuantos psicólogos, pero no me sirvieron de nada, me parecían sacadineros. Si eran psicólogas y estaban buenas, aún aguantaba algunas sesiones, pero si no, poco, les dije a mis padres que no me servían de nada. Las manualidades: me gustaba hacer cosas, pero *no tenía paciencia.* Aún ahora me pasa, *si quiero hacer algo, lo quiero hacer ya,* me estimula pensar en algo que me apetece hacer, es como que no he acabado de comer y ya me estoy levantando para fregar los platos. He sido muy *aventurero,* salir por ahí, me ha gustado viajar y descubrir cosas nuevas, gente nueva, costumbres, maneras de hacer. *La monotonía me agobiaba siempre. Hacer siempre lo mismo no he podido, llega un momento en que de repetir siempre lo mismo me colapso, necesito algo más, el proble-*

ma es que a veces no encuentro lo que necesito. Cuando estoy en un sitio tranquilo, trabajando, lo disfruto, pero cuando se ha acabado lo novedoso siempre he necesitado algo más, y ese algo más a veces no llegaba y lo he tenido que conseguir con otros métodos que no son muy beneficiosos.

Me encantaban los animales, los perros, los gatos, tuve algunos de pequeño y sigo teniendo. Recuerdo que, a los tres o cuatro años, regresábamos de una comida familiar fuera de la ciudad, cogí un pequeño gorrión al que le faltaba una patita y no podía volar, quería llevármelo a casa para recuperarlo, me lo puse en un bolsillo y de camino vi que se iba muriendo, me llevé un disgusto increíble. Siempre fui muy presumido. Me gustaba tocar la armónica y también tocaba la *gralla*[1] en los gigantes de mi ciudad. Aprendí solo, con las partituras. Siempre he odiado el solfeo, de pequeño me cargaba la asignatura de música, *era muy aburrida.* Pero con las partituras me creé un método con números, y en lugar de decir do, re, mi, sol, fa, decía 1, 2, 4, 3..., *era algo rarito.* Lo que pasa es que, como la asociación de gigantes fue creciendo y lo querían hacer más profesional, tuvimos que asistir a clases de solfeo; aguanté solo las dos primeras y me fui porque me aburría. En esa época éramos felices, lo teníamos todo. La música siempre me ha gustado: el *rock*, el *pop rock*... Miguel Bosé me gustaba mucho por sus letras, de más mayor el *techno* y el *house*. Ahora escucho *remembers*, que me recuerdan esa época dorada. Pero cuando se empezó a torcer todo, lo que más me gustaba era ir a la discoteca y lo que comportaba: fiesta, droga, alcohol...

Me cambiaron de colegio en EGB, era más rígido, y ahí empecé a perder el interés por las cosas que me enseñaban en clase. *Pocas me motivaban.* Tampoco me apoyó nadie, ni hicieron nada para que me interesara el colegio. Aprobaba los exámenes asistiendo a clase, no estudiaba nada, ni siquiera hacía una lectura rápida antes del examen, y sacaba buenas notas si quería. Para mí eso era lo normal y pensaba que todo el mundo era así, no entendía por qué había gente que de-

---

1. Instrumento musical de viento, de carácter rústico, constituido por un tubo de madera.

dicaba tiempo a hacer deberes, en casa me decían que estudiara, pero yo no lo necesitaba, y como iba aprobando no había problema. Había asignaturas, como historia, que sí me gustaban. Me gustaba la saga de *El Señor de los Anillos* y la devoré. Pero, a nivel académico, no había nada que me gustara, nada; iba al colegio, más que a estudiar y aprender, a asistir a un patio de recreo constante. Acabé octavo de EGB y, ya con el graduado escolar, como me gustaban mucho los coches, me apunté al grado de FP de automoción, pero no lo acabé, pues al principio me gustaban muchísimo las clases de tecnología y taller, pero todas las demás *eran aburridísimas, no me interesaban*. En el instituto, como ya das ese paso de niño a mayor, o al menos eso es lo que se creen, ya tenía más interés en hacer campana, en irme a la sala de recreativos, a pasear por la calle. No acabé porque superé el número de faltas injustificadas de asistencia. De ahí me fui a hacer primero de BUP, a probar suerte, y me pasó lo mismo, aún fue peor, pero porque directamente no había nada que me atrajera, excepto la clase de lengua castellana. El profesor era buenísimo, aún lo recuerdo, se llamaba Fernando, me gustaba mucho cómo explicaba, las historias que nos mostraba. Pero, sinceramente, no me interesaba nada más. Y pasó lo mismo. Empecé bien, pero, al poco, pellas para ir a jugar al billar, al futbolín. Con 14 o 15 años empecé con el primer cigarro, pero nada más, lo otro vino luego. De ahí me fui a hacer lo de la reforma, que fue lo último que hice, y me pasó lo mismo. Encima, como era mayor que los demás, me sentía y me hacía sentir el guay, un poco macarra, la verdad. Me aburría lo que me explicaban en la clase, era un nivel aún más bajo de lo que había hecho antes, y era como un patio de recreo para mí.

No me faltaba nada. Con los años uno lo analiza, y me doy cuenta de que recibía muchos más premios de los que merecía. Te das cuenta de que lo tienes todo. *Con mi hermano empezaron a ir mal las cosas, chocábamos por todo, con mis padres fue complicado.* Las reacciones de mi padre a veces me daban pavor, me lo merecía, pero seguía haciendo de todo. Mi madre no intervenía, prefería no saber. *Se evadía, como siempre ha hecho.* Cuando salí de la ESO, recuerdo que me fui a trabajar a un bar, y luego me salió la oportunidad de trabajar de aprendiz de lampista. En los trabajos era curioso: *me metía a fondo, trabajaba más horas de las que tocaban, pero me sentía bien, y como veían que acababa rápido me daban más.* Ahí conocí a mi primera novia seria, en una fiesta *light* que hacían por la tarde para mayores de 16 años. Me cambió todo mucho. Fue la primera vez que probé la coca, las pastillas; fue con ella. Empezamos a ir a esas discotecas y tuve mi primer contacto, muy moderado porque era muy esporádico, pero de aquella época recuerdo que la mayoría estudiaba y yo ganaba dinero, bastante dinero, y tenía coche, y ropa y las fiestas. Tenía autonomía, independencia. Yo, que siempre había tenido complejos porque estaba gordito, empecé a perder peso, me veía guapo. Pero *estaba vacío por dentro.* Trabajaba mucho, eso sí. Lo que al principio fue solo esporádico, llegó un momento en que deseaba que llegara el fin de semana para ir a la disco, o íbamos a un bar de un conocido, donde bajábamos la persiana y nos hinchábamos de coca. Poco a poco, sin darme cuenta, me fui liando más. Eso fue entre los 18 y los 23. Hasta que ella me dejó por este amigo con el que cerrábamos el bar. Me hundí, se me vino el mundo encima, para mí era como una diosa. Lo pagué de la peor manera. El mismo día que me dejó, me emborraché, me fui a hacer carreras —no recuerdo ni con quién— y me estampé, fue siniestro total. Sí, lo recuerdo como una época fea, fea y oscura. No obstante, la persona en la que pude tener más apoyo, aunque discutiéramos, era mi padre; de hecho, no pedía ayuda, pero sabía que él estaba allí. Fue una época bastante jodida. Luego conocí en el trabajo a otra chica, pero con el tiempo me he dado cuenta de que *fue para no estar solo y que mi pensamiento no se fuera.* Una chica simpática, guapa, que estaba colada por mí, ya me iba bien. Era muy sana, no bebía, le gustaba la naturaleza. Durante un tiempo me fue muy bien, me desquité de discotecas y de coca y alcohol. Pero *la magia del principio se fue.* Volví a las andadas, peor porque fue a escondidas. Ella no sabía o no quería ver, la dejaba en casa y me iba con los amigos de fiesta. En esa época mi padre falleció de repente y *me dejó muy tocado, era la única persona que me entendía, que me escuchaba y al mismo tiempo me ponía límites.* Marcó un antes y un después.

Al poco falleció mi tío de cirrosis hepática y me sentí muy mal cuando supe de qué murió, me sentí como que contribuí a ello, pues nos íbamos juntos de fiesta. Me marcó y me sentí bastante culpable.

Ahí hice un alto en todo, pues me di cuenta de que o hacía un parón o seguiría sus pasos. Hice un parón de todo, sí. Durante un tiempo funcionó, pero solo unos meses. Fue una época muy dura. Si hoy me pudiera reinventar y hacer algo que me gusta, sería trabajador social para ayudar a la gente, es algo que tengo muy claro. De la misma forma que me he portado mal y he hecho mucho daño, ahora me reconforta mucho ayudar a la gente, es como si nivelara la balanza por todo el daño que me he hecho y he hecho.

Poco después conocí a mi otra novia, ahí empezó la época de declive. De la noche a la mañana, todas las ganas de obrar bien y de asumir la situación se evaporaron. No me di cuenta hasta que realmente llegó un punto en que consumía casi a diario, era un descontrol. La dinámica se convirtió en el día de cobro ir a ver al del bar, al camello, pagarle lo que le debía, conseguir más y no parar, no parar en plan autodestructivo de me da todo igual, solo me importaba ir puesto para estar contento, estar feliz y no pensar, me encantaba la sensación que me proporcionaba. Al estar tan delgado y en forma, sitio al que iba, tía con la que pasaba la noche. Empecé a mentir de una manera compulsiva: lo que pasaba es que, cuando se me acababa el pelotazo, se me ocurrían unas mentiras que eran dignas de un Oscar. Una vez que estaba de fiesta, pasó que se me acabó la pasta, fui a casa de mi novia mientras dormía y, como sabía el número pin de su tarjeta, le reventé la paga doble en coca, en putas, uf..., qué te voy a contar. Y bueno, siempre mintiendo, realmente unas mentiras que con el tiempo me han venido a la mente y me pregunto cómo he podido idear semejantes planes y cosas para salirme con la mía. A mi madre también la engañaba para sacarle dinero. Tal como me lo dejaba, me faltaba tiempo que ya estaba llamando. La verdad es que no tengo conciencia de lo que me pasaba en esa época, me tomaba dos cervezas y ya me estaba picando la nariz, en lo único que pensaba era en colocarme. Me convencieron y me metí en un grupo sectario para intentar desintoxicarme, estuve tres meses, fueron los peores meses de mi vida, malviviendo en una casa en las afueras de la ciudad, cada día sermones de la Biblia, compartiendo casa con heroinómanos, gente con sida, trabajando haciendo mudanzas nueve o diez horas al día de lunes a domingo, sin cobrar nada, comiendo muy poco, lo del banco de alimentos, fue de las peores experiencias que he pasado, lo único bueno que conseguí fue dejar de fumar, de beber y de drogarme, pero me fui porque era horrible. Cuando salí estuve mirando foros: esa asociación tenía muchas denuncias. Salí porque me quise ir, me dejaron tirado en una estación de ese pueblo con un billete de vuelta a la ciudad. Me puse en contacto con mi madre, estaba bien. Compartí piso con otro chico y retomé el contacto con mi novia, que me perdonó. Todo iba bien, pero resulta que a ese chico le noté cosas raras, que estaba muy acelerado y nervioso, lo intuí, pero no quise pensar. Un día llegué y estaba haciéndose rayas en su habitación; me quedé blanco, no quería que me pasara, le expliqué mis problemas del pasado y le pedí que delante de mí no lo hiciera. Al cabo de dos días me enfadé con mi novia, me lo tomé más a mal de lo normal, me puse a beber como un condenado, llegué a casa y le dije a mi compañero de piso que me apuntaba. Ahí empezó todo otra vez. Continuas peleas con mi novia, yo colocado. Lo último fue cuando recibí un dinero por la venta de una propiedad familiar; al ver tanto dinero en la cuenta, se me reactivó todo lo que me había pasado y me lo reventé en lo mismo, no me duró ni dos semanas, y era bastante dinero, fue horrible, la verdad. El último día me caí, me desplomé porque llevaba cuatro o cinco días sin dormir, me vino a buscar la ambulancia, cuando me recuperé me dijeron que casi me habían dado por muerto y que no podía seguir así. Con mi madre acabé mal, le pedí dinero, pero las mentiras ya no colaron y me enviaron a los servicios sociales de mi ciudad después de haber pasado unos días en la calle. Expliqué mi historia a la trabajadora social, me dieron plaza en un albergue de los más duros para no dormir en la calle y, bueno, *ahí me derrumbé*, lloré lo que no había llorado en toda mi puta vida por mi mala cabeza. A todo esto, en los trabajos no me echaban; al contrario, me iban promocionando, porque, aunque fuera la mayoría de los días sin dormir o a veces me escondiera en los lavabos para reactivarme, por así decirlo, *muchos de los jefes me han dicho que era el mejor trabajador que habían tenido nunca*, trabajaba las horas que fueran necesarias, me implicaba al máximo, me gustaba, cumplía, mejoraba los procesos, el rendimiento de los equipos que llevaba. *Es difícil de explicar.* Me sentía fatal; cuando se me pasaba el globo es cuando *reflexionaba, todavía era peor*, desde querer morirme hasta no saber cómo cambiarlo, quería acabar, pero no podía, no veía solución. Reflexionaba demasiado y eso me dolía. Me daba vergüenza, me aparté de la gente que me quería porque se me caía la cara de vergüenza. A veces pensaba que ni en la peor película de ciencia ficción..., esto no me podía estar pasando a mí. Cuando ya toqué fondo y no me podía pagar ni siquiera la habitación donde estaba, se me pasó quedarme muerto en la calle. Así es como fui a los servicios sociales y me dijeron que me brindarían ayuda si yo ponía de mi parte, que no iba a ser un camino fácil, y no lo fue. Me dieron la plaza en el albergue, vi casos muy duros, delincuentes, había de todo, los profesionales te ayudaban, pero era muy difícil, tardé mucho en aceptarlo. Estaba allí por algo. Empecé terapia y además me acompañaron para mirar cursos y encontrar trabajo. Después de haber trabajado en empresas muy valoradas, de ganar mucho dinero, me encontré así. Hubo una psicóloga a la que estoy muy agradecido: comencé a recuperar mi autoestima, a quererme. Los trabajadores sociales se sorprendieron al ver cómo me movía, lo rápido que conseguía las cosas, el ingenio que tenía, todos me decían siempre lo mismo, que era una pena que con mis capacidades estuviera así. Colaboré con ellos, enseñaba a leer a otras personas y a utilizar computadoras, organizaba actividades. Ahí me empezaron las ganas de querer ayudar. Conseguí un curso de gestión con titulación europea, pensé que no podría, pero lo disfruté. Hice prácticas en una empresa, me dieron el contacto de una empresa de reinserción social, fui a la entrevista y estaba saliendo cuando me llamaron. Incorporarme al trabajo, resistirme a caer de nuevo, fue una sensación muy agradable que no había tenido durante años. Salí del albergue y fui a otro mucho mejor: tenía mi habitación; eso sí, mi referente me administraba, a la mínima que fallabas te podías ir a la calle. Recuerdo esa época con mucha ilusión, me sentía útil, el dinero se iba en infinidad de créditos que tenía pendientes, me maldecía de lo que había hecho viendo que trabajaba solo para pagar mis deudas, tuve alguna crisis pero la superé gracias a mi psicóloga. En la empresa *mi jefe me apreciaba mucho, conocía mi situación, me decía que estaba desaprovechado, pues, con la capacidad que tenía para liderar y llevar gente, debería estar en otro sitio. En mi trabajo siempre he sido muy meticuloso, muy preciso, entrega-*

do, y sus elogios me ayudaron mucho, aunque a mí me recompensa simplemente el trabajo bien hecho. En esa época salí un día a tomar algo con mi grupo, el grupo sano, y conocí a la que ahora es mi mujer. Me cambió la vida. Comenzamos una relación a distancia. Fuimos poco a poco, ha sido un camino muy duro. Alguna vez tuve alguna recaída, hubo una muy dura, caí del todo, pero solo un día. Me sentí estúpido. Mi psicóloga me dijo que era normal, que nunca podía bajar la guardia, *siempre he de estar alerta.* Después de esa época he aprendido a valorar mucho más las cosas. Aprecio mucho quedar con un amigo y estar charlando tranquilamente, ya no me acordaba de qué era eso. Aunque no sea lo más importante, me gustaría tener un buen coche o una buena moto, los tenía y los perdí, veo la cantidad de dinero que he tirado y me entra una gran desolación por lo que he hecho. Pero el pasado está ahí. He ido recuperando a algunas personas de mi familia, a pesar de mi resistencia, sentía mucha vergüenza. Quedarme en el país de mi mujer fue una buena decisión, todo ha sido nuevo, estar aquí es vivir de otra manera. Nueva cultura, nuevo proyecto de vida, me ilusiona, solo tengo cosas buenas, ha sido la mejor decisión de mi vida haberme venido. Me van a hacer jefe de logística. Voy a trabajar en un proyecto relacionado con perros, aquí están muy abandonados. Estoy simplemente aprendiendo a intentar ser feliz. Mi vida ha sido como una guitarra eléctrica por la variedad de registros que supone: tanto tonos acústicos melódicos cuando todo va bien, como rock duro en las épocas oscuras. Es pasar del estilo de Rammstein en los momentos oscuros a un «Nothing Else Matters» de Metallica en épocas tranquilas. Hablar contigo me ha servido para recordar todo eso y tener presente mi intención de no volverlo a repetir, es bueno pensar que con ayuda se puede salir. Mi psicóloga me decía que el que realmente lo ha hecho he sido yo, aunque no estoy de acuerdo. Ahora todo está bien, y seguiré así. Sigo hablando con ella, es un apoyo.

Para comprender más...

En el libreto de *Gaia II: la voz dormida*, de Mägo de Oz, encontramos esta conversación:

> Azaak estaba leyendo en los ojos de aquel buen hombre. Él era el encargado de alimentarles, custodiarles, pero también de torturarles. Era su trabajo, su asqueroso trabajo.
> —Cambia de vida —le instó—, todos tenemos derecho a otra oportunidad.
> —Ya es tarde para mí —suspiró el carcelero.
> —No digas eso —le recriminó indignada Azaak—, todos los días son oportunidades nuevas para cambiar nuestro destino. ¡Mañana empieza hoy!

De esto va la vida de armónica, de oportunidades desaprovechadas, de tomarlas y dejarlas escapar. Hasta que por fin uno se da cuenta de que hay **una nueva posibilidad**, y quizá, solo quizá, esta vez puede ser la definitiva. Este diamante está descubriéndose, descubriéndolo. Incomprensión del entorno, un desarrollo emocionalmente complejo, una madre débil, un padre inestable aunque el único referente, fracaso escolar, poco apoyo, poca capacidad para superar las dificultades, las frustraciones, sobreexcitabilidades (motora, sensorial, imaginativa), sensibilidad alta hacia la naturaleza y los animales, dificultad para comprender cómo funciona, sin saber por qué se va, una mente que necesita algo más, que no para, selvática, inestable, con necesidad de nuevas emociones..., que deriva en adicciones. Como en el caso de otros diamantes, esta armónica fracasa, ha sido un total fracaso escolar, pero también en su propia vida, al no poder agarrarse a las opor-

tunidades que se le han ido brindando, empujado también por la falta de un entorno de seguridad, por la falta de límites y por ese **mundo fantasioso** que le ha rodeado y se ha creado, como la hija de la violonchelo, utilizando la mentira para conseguir lo que necesitaba con una gran habilidad: *muy listo y fantasioso, decía mentirijillas, eso me ayudaba a camelar a todos, de eso me serví también más tarde.*

Ese *avestruz que baja la cabeza y se aleja*, al sentir que de nuevo se ha fallado y ha fallado a los demás al exigirse hacer bien las cosas, con la consiguiente frustración de no conseguirlo, se aleja por miedo, *por miedo a que no me comprendieran*, porque es más fácil, pero quizá también por **vergüenza**, por no permitirse esos fracasos, por no soportar tanta equivocación y tanta **insatisfacción**. Esa necesidad de cambio constante que se ve también reflejada en el siguiente parágrafo. Cambio de actividad, de profesión, y vuelta a empezar, esa constante búsqueda de algo más profundo, más intenso, pero, en definitiva, cambio constante, para saciar esa insatisfacción que está ahí permanentemente, como si de un Pepito Grillo se tratara.

Por otra parte, esa falta de oxígeno que provoca **el aburrimiento**, *hacer siempre lo mismo no he podido, llega un momento en que de repetir siempre lo mismo me colapso, necesito algo más, el problema es que a veces no encuentro lo que necesito,* ese temible enemigo de las personas con altas capacidades, que «si es demasiado fuerte, aunque esta sensación permanezca totalmente inconsciente, puede presionar para actuar de una manera aparentemente desconsiderada e incluso a veces destructiva» (Adda, 2015: 24).[2] Por eso mismo es tan importante ser conscientes de la manera de funcionar y conocer los aspectos que pueden llevarnos a una existencia peligrosa.

Junto a estos factores aparece ese **sentimiento de profunda soledad**, *he experimentado también esa extraña sensación de soledad.* Latente, incomprensible, esa sensación que poco a poco va consumien-

---

2. Adda, A. y Brunel, T. (2015), *Adultes sensibles et doués. Trouver sa place au travail et s'épanouir*, Odile Jacob, París.

do la energía, que impide muchas veces llevar una vida afectiva satisfactoria.

Y esa **rebeldía** de nuevo, que le ha llevado por caminos desolados, ese no estar conforme con nada que, junto a la **baja autoestima** y al hecho de tener baja tolerancia a la frustración, lo lleva a la **desesperanza** y a la desesperación, hundiéndose, humillándose, cayendo en un mundo del que es difícil salir.

Las **adicciones** están presentes en algunos casos con altas capacidades que no han sido diagnosticadas, o que sí lo han sido pero que no se han atendido dificultades asociadas. La presidenta de la Asociación ENOL, María Dolores Palacio, afirma que «con el correr del tiempo, si estas dificultades no se manejan adecuadamente, nos podemos encontrar porcentajes importantes de chicos con problemas de personalidad, de adicciones».[3]

De hecho, la conducta adictiva —y su desarrollo— es una interacción que se produce entre los factores internos de la persona —habilidades psicosociales, actitudes, creencias, cultura, intensidad emocional que lleva a sentir profundamente y a experimentar nuevas emociones, aburrimiento, respuesta al dolor, sobreexcitabilidad—, el ambiente en que se mueve y las oportunidades que ha tenido. Por lo tanto, es tan importante esa acción del propio entorno como los factores intrínsecos del individuo. Evidentemente, no todas las personas con altas capacidades presentan una conducta adictiva, pero, para desarrollarla, sí pueden influir aspectos como las sobreexcitabilidades, un autoconcepto negativo, la baja autoestima, pocas habilidades sociales, presión del ambiente, falta de límites claros, entorno familiar inseguro, vulnerabilidad, malestar, el no poder dejar de pensar, la incomprensión de los demás y la impotencia por no poder ser lo que se quiere ser. Eso puede llevar a provocar una respuesta desadaptativa y a sentir la necesidad de consumir alcohol, drogas, sexo o tecnología, precisamente para atenuar esa

---

3. Véase https://www.europapress.es/asturias/noticia-dolores-palacio-sigue-exis tiendo-mucha-ignorancia-personas-altas-capacidades-superdotacion-20171125120059. html.

sensación de presión, de ansiedad, de frustración de situaciones y momentos en que la persona no puede más. Dejar de pensar. Aliviarse. El consumo permite huir, abstraerse, evadirse de una realidad en la que no se encaja. También permite, bajo sus efectos, que las cosas, las personas, quizá uno mismo, se vuelvan aparentemente estimulantes, interesantes, y que además se encuentre cierta relajación. Lo que ocurre es que nunca es suficiente; se necesita cada vez más y se convierte en una adicción. Como vemos en este caso, empezó los fines de semana como algo novedoso y social, podía estar días sin consumir y no había problema, aunque durante el fin de semana se saciara en desmedida. Después se convirtió en una obsesión durante la semana, necesitaba más, las dosis debían ser mayores. Luego ya no pudo parar, a pesar de sí mismo.

Hay algunos estudios, pocos, sobre la relación que podría darse entre alta capacidad y adicciones. En un estudio longitudinal de White y Batty,[4] se concluyó que el alto CI infantil podría aumentar, además del consumo excesivo de alcohol y su dependencia en la vida adulta, el riesgo de consumo de drogas ilegales durante la adolescencia y la edad adulta. Douglas Eby,[5] haciendo referencia a personajes conocidos, comenta que varias personas con habilidades excepcionales han utilizado las drogas y el alcohol para aliviar el dolor de su sensibilidad, o como forma de mejorar el pensamiento y la creatividad, para escapar de su cerebro, para huir de la vida cotidiana. El problema es que ese ir probando puede derivar en adicción y convertirse esta en un acto destructivo de la propia persona. Por diversas circunstancias, la persona sufre disforia, inquietud, malestar, desasosiego, desazón, lo que conduce al consumo, y así se entra en un círculo vicioso, cada vez más corrosivo.

4. White, J. y Batty, G. D. (2011), «Intelligence across childhood in relation to illegal drug use in adulthood: 1970 British Cohort Study», en *Journal of Epidemiology and Community Health*, vol. 66, n.° 9, págs. 767-774.

5. «Gifted, Talented, Addicted», en http://talentdevelop.com.

¿Qué hacer?

Querría remarcar **la importancia de explicar** a los niños que han sido diagnosticados de alta capacidad cómo funcionan, ayudarles a no dar por sentado sus capacidades, a comprender sus frustraciones, a ponerles límites. Si no lo comprenden, puede llevarles a abusar de sustancias, de tecnología. O sentirse tremendamente solos. Si además la persona no ha sido diagnosticada, le resultará todavía más difícil comprender ciertas situaciones, y entonces aquí entran a formar parte muchas veces esas adicciones por no entenderse, por no saber cómo salirse. El **acompañamiento psicoemocional** es imprescindible. **Evitar caer** en adicciones no siempre es sencillo. Si se cae, empieza un peregrinaje para el propio afectado y los seres cercanos: centros de desintoxicación, ayuda profesional, nuevas recaídas, mentiras, dinero que se acaba, ruina de muchas familias. Continúa con ese alejamiento y agotamiento de las personas del entorno: se juzga, se señala, se aísla, hasta produce risa. Y la persona necesita cada vez volver a sentir que controla esa tormenta. ¿Para qué enfrentarse, arriesgarse, sufrir, si no sirve para nada? Es un sinsentido. Cae, vuelve a caer, sin ni siquiera tener fuerzas ni ganas de querer modificar algo, su propia realidad. ¿Se puede superar? No es fácil. Depende de la persona. También de encontrar su lugar. Perdonarse es un primer paso. No tener la guardia baja. Cambiar de lugar de residencia ayuda, también tener nuevos retos. Pero, por mucha tierra de por medio que se ponga, si dentro de uno mismo no hay un pleno convencimiento, se puede volver a caer con facilidad.

Lidiar con las adicciones no es fácil, ni para la persona ni para quienes le rodean. A veces es necesario dejar que caiga, sola, para que realmente pueda levantarse. Y, por supuesto, recordar que los demás pueden tenderte una mano, darte estrategias para irlo superando e ir afrontando las situaciones que están por venir, pero realmente **el que hace el trabajo eres tú**.

Durante todo este movimiento me ha acompañado *The River*, de Bruce, con esa penetrante combinación de armónica y guitarra.

Diamante 10

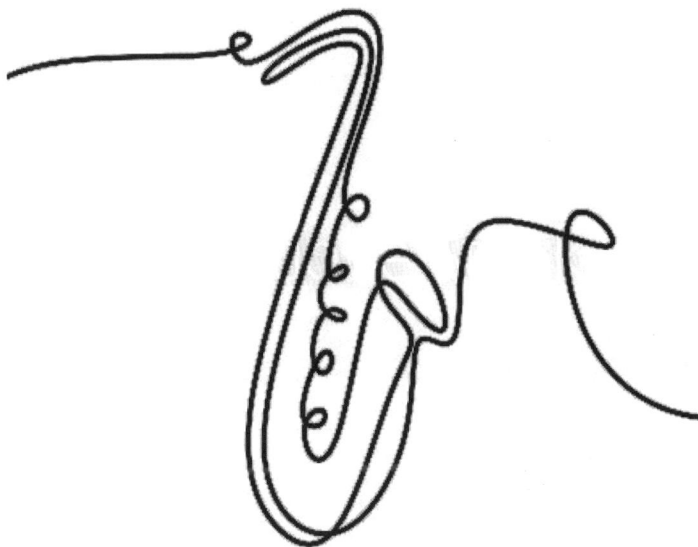

Una intuitiva saxofón, con redoble de batería

Una mujer,
psicóloga de 33 años
y además superdotada.

«Se concede demasiado valor a la inteligencia. Es como si tu esencia, toda tu persona, quedara reducida a una sola etiqueta».

«Es como si pudiese leer un poco de música en cada cosa que veo, como detectar un ritmo».

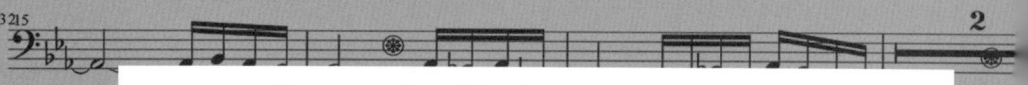

Soy una psicóloga de Latinoamérica, responsable, desde hace un año y medio aproximadamente, del área de psicología de la asociación Mensa Perú.[1] Ingresé porque me interesaba aprender un poco más sobre las características de las altas capacidades y también para seguir desarrollando habilidades como psicóloga y otras habilidades especiales para mí. Fuera de Mensa no fui diagnosticada, pero sí guardo un examen de cuando tenía seis años, pero es un examen básico, dicen que mi edad mental era superior a la edad que tenía. En todos los colegios donde he estado, siempre *me mandaban al psicólogo*. Exactamente decían *que era muy inteligente pero que no era sociable*. Aparte *tenía un problema debido a la alta sensibilidad* y a las alergias (asma); es como si no hubiese ido al colegio de manera muy normal, pues faltaba mucho. En el colegio me sentía básicamente *aburrida* y a veces algo *enojada* porque *no entendía por qué las personas hacían cosas que no parecían demasiado razonables*. Por ejemplo, cuando estaba en el jardín de infancia, antes de iniciar el colegio, con unos tres años más o menos, no tenía muy claro por qué la profesora tenía que gritar y por qué los compañeros también tenían que gritar para solucionar algunas cosas, por qué tenían que mantener un estado anímico a ese nivel o hacían cosas así. No era muy razonable. *Me molestaba el ruido* y no entendía por qué tenían que asociar el aprendizaje a ese nivel de entusiasmo o de ruido, o por qué *se entusiasmaban con cosas que no entendía*. Aquí, en Perú, está prohibido hacer una aceleración. Lo bueno es que en mi caso tenía problemas porque antes de cumplir el año me detectaron asma y, por cuestiones de la sensibilidad, faltaba mu-

---

1. Véase https://www.mensa.pe.

cho a clase. Hace un tiempo incluso encontré notas en las que decían que era difícil evaluarme faltando tanto a clase o por llegar tarde, pero a la vez *tenía buenas notas, y me iba bien no asistir a clase porque así no me aburría tanto*, al no tener que soportar ese tipo de situaciones. En mi caso hubo dificultades durante el embarazo de mi madre, un traslado a provincia, y luego una vuelta a Lima por problemas de salud de mi mamá, que es asmática. Según me cuentan, hubo un incidente en torno a los siete meses, dicen que quería nacer antes, pero un familiar hizo no sé qué maniobra para pararlo. Nací alrededor de los ocho meses y medio por vía cesárea, con un peso promedio bajo. En cuanto al desarrollo, todo según lo esperado, excepto por los problemas de alergia e *hipersensibilidad*. El único dato que sale fuera de lo normal es el del *control de esfínteres, lo alcancé antes del año*, cuando lo normal es entre los dos y los cuatro. Me he cuidado mucho por el tema de la salud, tampoco permitían que estuviera en contacto con el ambiente, y creo que eso no ha ayudado mucho. En el último año de la escuela estuve ingresada como siete veces a causa del asma. Amistades sí tuve, por decisión propia, pero pocas. En general, no era mucho de relacionarme con otras personas, salvo con una amiga que tenía, que vivía en la misma casa que yo, la madrina de mi mamá, que me llevaba unos 60 años de diferencia. Pero *con personas de mi edad no tanto*. De pequeña pasaba mucho tiempo con ella. También en dos bibliotecas: una era de humanidades, derecho y religión, y la otra, pequeñita, de química y física. Aprendía mucho allí, pues *en el cole iba todo muy lento y me desesperaba*. Claro, allí también tenía el tema de la sensibilidad, problemas con la audición y la visión, no toleraba la luz, tampoco los ruidos, tenía dolores de cabeza, *prefería estar sola*. En la noche imaginaba cosas, *creé un mundo interno muy rico*. Hasta el punto de que en el colegio me llegaron a decir que yo vivía en mi propio mundo, y un profesor durante meses me tomó por muda. Me gustaba probar cosas, *imaginar* que podía hacer diferentes fórmulas con distintos ingredientes, imaginar que podía construir aparatos que viven. ¡Ah! Y me gustaba meterme en un armario, en el de esta amiga, porque tenía un olor muy agradable. Había varias cosas interesantes, y el olor de la madera me gustaba mucho. Más tarde me hice una prueba de *alta sensibilidad*, de esas por internet, y me dio que sí. Luego una traumatóloga me confirmó que tenía el síndrome de Raynaud.[2]

Me resultó paradójico estudiar psicología, porque a mí no me gustaban los psicólogos, me parecía que no me entendían. Pero, precisamente por las bibliotecas, me interesó mucho entrar en un área de salud. Al poco de salir del colegio me presenté en la universidad, aquí hay mucha demanda y una competencia muy grande para estudiar en la pública. Me presenté a la carrera de medicina casi sin prepararme, pues entré en una academia de esta universidad y saqué una beca, pero me salí de la academia porque me parecía que iba lento, luego no me preparé para presentarme y me faltaron unos puntos para entrar en medicina. A la siguiente oportunidad me presenté a cualquier otra carrera de salud y en un sorteo me tocó psicología, fue algo al azar, me pareció curioso, me presenté con la intención de cambiarme luego a medicina, pero me gustó mucho la psicología y decidí quedarme. Incluso un amigo de la familia se ofreció a pagarme la postulación para llevar paralelamente medicina, pero no lo hice, solo me quedé en psicología, haciendo varias cosas, en una universidad pública. Al comenzar a estudiar en la universidad, me costó mucho. En el colegio, como faltaba tanto por el asma, no estaba en los cursos, solamente iba a mis exámenes, pero de manera intuitiva y salía bien, *me confié* y pensé que en la universidad iba a ser igual. El primer año terminé jalando un curso de matemáticas, que a mí siempre me había ido muy bien, pero, claro, solo llegué a ir a una clase de práctica, y así fue. Por eso *tuve que extender mi permanencia en la universidad*, pero lo aproveché participando en otras actividades que se ofrecían, así que me metí en una brigada de emergencias psicológicas y a un grupo de estudio de diferentes facultades, y luego ya fundé una asociación civil y constituí una empresa de publicaciones y capacitaciones. La tengo en suspensión fiscalmente. Eso mientras estaba en la universidad, *con eso me distraía*, haciendo prácticas durante bastante tiempo, y capacita-

---

2. Los vasos sanguíneos se estrechan y las personas sienten frío, o, en respuesta a emociones fuertes o estrés, provocan espasmos vasculares en los dedos de pies y manos, en la nariz y en las orejas.

ciones fuera. Pero me costó mucho esfuerzo *tener que tratar con otras personas*. No quería hacer trabajos en grupo, eso ha sido también un poco el no estar acostumbrada a presentar y compartir trabajos. En mi familia no hay muchos recursos económicos, el tema de los materiales y demás fue difícil. Como no quería pedir nada, si mandaban algunas lecturas u otra cosa, simplemente *me valía de mi memoria para utilizarlas* minutos antes del examen, hacer una foto mental y salirme bien el resultado. Pero a veces eso también podía complicarme las cosas.

Hace cinco o seis meses renuncié a mi trabajo de psicóloga evaluadora a tiempo completo, decidí cambiar para tirar adelante algunos proyectos de forma independiente, además de estar en la asociación. Siempre me he dedicado a evaluar, me gusta mucho, y a la capacitación. De los proyectos que tengo ahora, me invitaron a asociarme a un pequeño centro psicológico, donde brindo atenciones, aprobamos capacitaciones y estamos aperturando el tema de consultoría. Pero, a la vez, también quiero fundar, constituir, una empresa más ligada al tema de las altas capacidades, y estoy viendo cómo hacerlo con otras colegas. Asimismo, estoy yendo a consultorías, me piden apoyo para el Ministerio de Salud, para elaborar una guía de salud mental. También hago consultorías de cualquier otra temática. Manejo otras herramientas, como diseño y publicidad, y me han pedido apoyo en la gestión de un pequeño negocio de airbnb. *Me gusta dibujar, desde muy pequena dibujo.* Rostros, paisajes. *Cuando era niña dibujaba mejor que ahora de adulta.* En general, *aprendo un poco de todo para luego ver, me gustan diferentes disciplinas.* La música me gusta, aunque no se ha dado la oportunidad de tocar instrumentos, me gustaría sobre todo guitarra o piano, en general *es como si pudiese leer un poco de música en cada cosa que veo, como detectar un ritmo.* El saxofón no sé si podría tocarlo por mi asma, me encanta y quizá algún día lo intente, a pesar de esta dificultad, pues tengo mucha resistencia. Me gusta «Bohemian Rapsody». No me gusta la música muy monótona, me gusta la música que tiene cambios, en la que las conexiones encajan, pero a la vez producen cambios a *nivel emocional*, a niveles sensoriales, es muy agradable. Me gusta el postimpresionismo y el expresionismo, las pinturas de Van Gogh y Kandinsky. Aunque son muy abstractas, son geniales y tienen una impresión de fuerza muy marcada, muy emocional.

En el colegio me exoneraron de educación física, aunque corro muy rápido, y de otras cosas. Por ejemplo, en primaria me exoneraron de llevar caligrafía porque escribía bien. Siento que *hay muchas cosas que me he perdido, que no he hecho*. Creo que por este motivo probé a entrar en Mensa, para desarrollar eso, yo no sabía que sería tan buena, que podía retener mucha información, muchas cosas que he ido descubriendo ahora.

Tengo dos hermanas pequeñas; tenemos una buena relación, pero no muy cercana. Hay un tema ahí que viene de la época del colegio, no lo captaba muy bien, pero hace unos años lo vi, lo estuvimos hablando. Ambas decían que yo era su karma por un tema de comparación, porque los profesores siempre hablaban de mí y esperaban que ellas fueran tan inteligentes como yo. Cuando había cosas para resolver siempre me consultaban, me decían que era como una enciclopedia. Siempre que necesitan algo me lo piden. Está esa doble cuestión: soy como una referencia, pero a la vez no siempre es bueno serlo y las comparaciones no son nada positivas. Aparte, yo siempre *estaba muy aislada*, ellas jugueteaban, yo tenía mis juguetes pero no los utilizaba, ellas sí, *yo solo observaba*: el entorno, cómo funcionaban las cosas, los comportamientos de los otros. Durante la adolescencia, como *estaba acostumbrada a tomar decisiones desde muy pequeña*, hacía las cosas como mejor me parecía, y eso *a veces pudieron tomarlo como rebeldía*. Al final siempre era una rebeldía que traía buenos resultados. Además, siempre *he tenido la sensación de que he sido mucho más mayor de lo que dice mi edad*. Por eso creo que he vivido mi adolescencia en la infancia, me parecía un poco raro ver que otras personas estaban muy locas, muy alteradas por esa edad. Ahora ya me relaciono más con personas de mi edad, desde la carrera fue así, también el hecho de tratar a personas, de capacitar. Mis hermanas y mis compañeros me consideraban una *muy buena compañera. Yo me alejaba, pero todo el mundo se me acercaba*. Y me pedían ayuda para algunas cosas. Les ayudaba a comprender algo, no tanto en darles una respuesta, pero no era una interacción muy sociable o muy normal. El punto que a veces me han reclamado es que *no soy celosa, podría parecer algo fría* en cuanto a no involucrarme demasiado o ser en extremo relajada en las situaciones de pareja o en las peleas. No soy de emocionarme en una pelea, no soy celosa, ni tampoco me gusta sentir posesión, no entro ahí, y eso es algo que siempre me han reclamado. No me planteo tener hijos.

Entré en Mensa a raíz del último trabajo en el que estuve. A partir de ese trabajo empecé a descubrir algunas habilidades más, *la gente me decía que yo la asustaba.* Empecé a buscar información sobre varias cosas mías que no tenía muy claras. Por una parte, había habilidades, pero, por otra, estaban las personas que me decían que las asustaba, que *me veían diferente,* no en el mal sentido, sino que *me decían que era como una máquina o mejor un robot.* Primero busqué en lo relacionado a ser una máquina robot y estuve investigando acerca de lo que es el Asperger. Asistí a una charla sobre el tema en una institución y lo descarté por lo que se dijo y por los indicadores para el diagnóstico. Luego probé con lo otro que me decían, que era un genio o una pequeña maravilla o algo así. Entonces empecé a buscar y encontré Mensa. Decidí postular, entré y me dieron la posibilidad de apoyarme; aunque quizá no esté por mucho tiempo más, pues mis objetivos eran un poco familiarizarme, aprender y desarrollar habilidades. Me falta mucho por desarrollar, pero quizá me mueva por otro lado. Sí, desarrollar. Por una parte, está mi memoria, sabía que tenía buena memoria, pero no que podía *explotar el tema visual.* O *la retención de información,* y creo que por ahí puedo desarrollar algunas estrategias para maximizarlo. Por otra parte, hay un tema que tiene que ver con otra cosa, es como una especie de *lectura emocional* que tengo, *como si pudiera leer emociones, pero de manera rápida, creo que algo así como una cinestesia.* Y eso me ayuda porque puedo leer y entender muchas cosas. Cinestesia por medio del tacto. Por las pruebas proyectivas que puedo hacer, los dibujos. Esa es una de las cosas que asustaban a las personas, porque leía y conectaba cosas con su comportamiento. Con la lectura del tacto podía completar el perfil y entonces brindaba mucha información de algunas situaciones a cada persona y se asustaban mucho. Es como poder hacer una lectura de muchas emociones y de otras cosas, que quiero desarrollar mucho más. *Desde niña he sentido que me sobraban las respuestas,* no tiene relación con ver visiones ni nada por el estilo, es como cinético, como saber leer, pero sin saber por qué se sabe leer, lo mismo con la ortografía, o saber las respuestas a las cosas. Quizá no comprendo del todo, pero conozco las respuestas. Y después, como si estuviese viendo las cosas de manera repetida. Es como si pudiese ver varias lógicas o mentalidades, como que se puede saber cualquier cosa solo conectando con la lógica, pero no la lógica formal sino diferentes lógicas flexibles, mentalidades. Es un principio básico, *es como un conocimiento metacognitivo que te facilita muchas cosas*. ¿Es una gran capacidad? Sí, pero a la vez *te puede generar problemas*. Problemas de comprensión de los otros, y a veces *me pongo intolerante* con eso, porque lo tengo claro, pero si no se ve o no se acepta, o si no se toma bien, me olvido de los demás, voy a mi propio ritmo y me olvido de todo. Y es entonces cuando me desconecto. Es como estar hiperconectada. Cuando bajo es como poder estar a 100 pero estar a 30, pero atenúas así el nivel de conciencia y sensación, es como un mecanismo para poder regular eso. En el trabajo, en cuanto a la memoria y los diagnósticos, el mecanismo es crear un determinado problema y luego realizar la corrección, pero empecé a hacer las correcciones de inmediato porque podía retener las plantillas y las correcciones en mi cabeza. Empecé a ver a varias personas al mismo tiempo y, como tenía la tabla de las correcciones, se las hacía a cada persona en pocos segundos, eso me ayudaba porque es como tener un dibujo en la cabeza. No tengo memoria fotográfica, pero es como *captar las conexiones*, y si tengo en mi mente una tabla no muy grande, es como si relaciono las cosas y corrijo. O es como tener 96 dígitos: no reconozco el número, pero sí su esencia, y con eso puedo corregir. O guardo la información, los documentos de varias personas, ellas se van, pero yo retengo los números en mi mente, puedo retener varios dígitos, toda esa información, en mi cabeza y luego en el sistema. En lo relativo a las emociones, al ser psicóloga, eso me ayuda, en mi trabajo lo hago, varios compañeros me envían información o dibujos de sus pacientes para que los pueda orientar o les brinde información. Todavía quedan muchas cosas. Es como poder gestionar el procesamiento de la información, haberlo ordenado, pero **no es un tema ilusional**, sé que suena raro. *Mi objetivo es apoyar en lo que pueda a quien pueda. Aprender* lo máximo posible. Es esencialmente eso. Suena muy *idealista*. Inicialmente, en Mensa, solo colaboraba en las evaluaciones. En algunos casos me piden que oriente a un grupo de jóvenes, es una labor muy rica por las muchas cosas que van aprendiendo, la idea no es darles respuestas sino poder *acompañarles en el proceso de exploración*. Hay algo que me llama mucho la atención. He hecho evaluaciones a unas 20.000 o 30.000 personas. En la universidad ya hacía evaluaciones, llevo unos 11 años evaluando personas. Pero con ese grupo de jóvenes de Mensa hay algo muy especial: solo con ellos leo una *mayor intensidad*.

No converso sobre mí, no acostumbro a hablar de mí. Solo con personas muy cercanas. Me ha pasado que *llevar la etiqueta de ser inteligente no es algo bueno*, en el fondo creo que siempre he experimentado la sensación de que se concede demasiado valor a eso. O que, estando en el colegio, todo el mundo me pidiera que participara en concursos, y yo no toleraba esa idea, es como si tu esencia, toda tu persona, quedara reducida a una sola etiqueta. Y si tienes *sensibilidad extrema*, no ayuda. Mis papás siempre han estado orgullosos de mi inteligencia. Nunca me han exigido nada, por eso me ha costado y me sigue costando tener constancia en las cosas que hago. Tampoco me exigían por el tema de la sensibilidad, pero siempre les llamaban del colegio para hablar de mi no sociabilidad y decirles que tan inteligente era; por eso, lo de la no sociabilidad no lo consideraban como algo negativo. Me sentí apoyada, pero *siempre he sido muy independiente*, siempre me ha gustado hacer mis cosas sola, en el colegio siempre hacía mis cosas sola, sin la ayuda de nadie.

Gracias por querer expresarlo, por ser como eres.

Poco después de esta entrevista, se publicó un artículo sobre Mensa Perú titulado «Historias de superdotados: ¿cómo es la vida de un grupo de genios peruanos?»,[3] que generó comentarios de todo tipo hacia sus miembros. Según nos comenta saxo, el lado positivo es que eso creó en la propia asociación un sentido de pertenencia, un «espíritu de comunidad» difícil de encontrar en otros lugares.

---

3. Véase https://andina.pe/agencia/noticia-historias-superdotados-como-es-vida-un-grupo-genios-peruanos-784074.aspx.

Para comprender más...

Nuestra saxofón peruana vislumbraba su capacidad, pero hasta la edad adulta no tuvo un diagnóstico que la ayudó a comprenderse y la motivó a ponerse a trabajar para mejorar sus habilidades. ¿Quizá podrías ser tú una persona con altas capacidades y lo estás comenzando a ver más claro, después de estos testimonios? En la página web de Mensa Perú[4] hay un test, indicativo, y se explican muy detalladamente algunas de las características de estas personas. Es un test que puede aplicarse a cualquier tipo de población. Si tienes cualquier duda mientras estás leyendo estas líneas, te invito a no demorarte. Por supuesto, hay muchas otras páginas en la red en las que también puedes encontrar test y una valoración aproximada, pero, dirigidas a adultos y con una información de calidad, no hay demasiadas.

En el caso de nuestra diamante, vemos similitudes con otros testimonios: por ejemplo, respecto a la inquietud e intensidad en el **ámbito profesional**, como arpa o como la violonchelo que acompaña a un piano, ese buscar trabajos diferentes, proyectos diversos, creando retos. Como decía una mujer hace algún tiempo:

> Mi mente va a mil revoluciones, cuando tengo un proyecto, una entrega, un curso por preparar, lo sé y voy pensando en ello, esté donde esté, incluso durmiendo, pensando en ideas para su ejecución, en muchas ideas y posibilidades. Pero postergo. Me encanta estar ahí pensando. Hasta que no veo que estoy a punto de cumplir plazos, no me pongo «en serio». Me cuesta un horror ponerme en marcha. Disfruto pensando cómo hacerlo, pensando ideas, yendo a dife-

---

4. Véase https://www.superdotadosperu.info/test-superdotado/.

rentes fuentes, investigando, buscando referencias, ideas, voy apuntándolas en mi mente. Pero hasta que la fecha no está cerca soy incapaz de ponerme a ejecutarlo. De pequeña ya me pasaba en la escuela, no estudiaba hasta el día de antes, eso si estudiaba. Entonces, cuando me pongo, me dedico solo a ello, me disparo, mi mente está absorta y enfocada en ello, solo en ello, estresada, y me culpabilizo por no haber sido previsora, por no haberlo organizado de otra forma, poco a poco, tranquilamente. Aunque en estos momentos me sube la adrenalina, es una sensación extrema, alucinante, me veo casi en el abismo, pero me gusta, eso me estimula. Voy a dos mil, me disparo, ¡es tanta esa intensidad! Si no me siento así, las ideas no me surgen y el trabajo no me sale tan bien, no me inspiro, me aburre, ¿sabes? Esos días de antes trabajo muchas horas, casi no duermo, estoy en otra dimensión, me absorbo y lo disfruto, me estimula, mi mente va ágil, rápida, conecta ideas, interrelaciona conceptos a tal velocidad que si lo pienso me asusta. Eso siempre me espantó, primero creía que todo el mundo funcionaba así, luego me di cuenta de que no, y me hacía sentir muy rara. Cuando acabo, se cumplen los plazos, me siento estupendamente con el trabajo bien hecho, pero se me crea un vacío dentro muy intenso, mi energía baja y la culpabilidad sube. Me he acostumbrado a funcionar así, a aceptarme como soy, sin darle más vueltas, ahora me explico el porqué. Lo que temo es que eso pase factura y que cada vez estoy más mayor y quizá en algún momento me traicione esa manera de ser.

Observamos una bonita conexión entre estos testimonios en cuanto a características, maneras de afrontar las situaciones, emociones y sentimientos comunes, guiados por esa bella *sinfonía armónica* que permite brillar a todos estos diamantes escondidos.

Otro aspecto característico es **el idealismo**. Las creencias se sustentan en valores morales como la justicia, el respeto a la diferencia y a la libertad, la persistencia, la perseverancia, la autenticidad, la responsabilidad, la sensibilidad, el altruismo, la generosidad, el amor, el cuidado a los demás. Se suele tener una visión amable del mundo y de la posibilidad de conseguir que las personas sean mejores y cambiar para mejor la sociedad. Ese idealismo, que se vive de forma intensa, puede ser vivido como algo negativo, al no ver cumplidos los objetivos propuestos y además ser totalmente incomprendido por el resto. Pero

si somos capaces de bajar esas ideas a la realidad de forma práctica, pero con medida, la persona se puede impulsar, animar a conseguir los proyectos, los propósitos. En cuanto a la propia persona, la ayuda a avanzar, a conocerse, a mirarse, a encontrarse en el camino de la propia autorrealización.

Ahora bien, ese idealismo puede llevar al **perfeccionismo**, rasgo característico de las personas con altas capacidades. El perfeccionismo hace tener expectativas muy elevadas, lo cual permite hacer las cosas muy bien y acercarse a un ideal. No se aceptan los errores, la posible imperfección de lo que se va haciendo, lo cual comporta esa sensación de fracaso y frustración. Para una persona con altas capacidades, es importante hacer las cosas, pero hacerlas bien, mejorar y mejorarse en ello, trabajar a tope, intensamente. Esa autoexigencia autoimpuesta de forma continuada, provocando una constante baja tolerancia a la frustración, puede llegar a ser patológica, y producir depresión, crisis de ansiedad, tendencia a reacciones agresivas, e incluso a caer en algunas adicciones, como hemos visto en un capítulo anterior. Eso lleva muchas veces a no realizar ciertas cosas por miedo a fracasar o a procrastinar tareas por miedo a equivocarse, a no realizarlas suficientemente bien. La parte positiva de ese perfeccionismo es conseguir trabajos brillantes, metas altas, tanto a nivel externo en el propio trabajo o estudio, como a nivel interno, respetándose. Pero ¿cómo hacerlo? De nuevo se trata de bajar esos altos ideales, focalizándose en metas reales. No se trata de hacerlo perfecto, ideal, sino de hacerlo y ya está; lo que se ve como mediocre, a los ojos de los demás se ve muchas veces excepcional. ¡Ojo!, bajar a la realidad sin culpabilizarse por ello. Te aseguro que es posible. Aunque eso implica seguir un largo camino de inseguridades, dudas, incertidumbres, miedos e incluso duelos, y el dolor de perder algo muy íntimo de ti misma.

El sentir con tal intensidad —de hecho, esta es una señal de identidad de las personas con altas capacidades, esa **experimentación de las emociones de forma mucho más intensa que el resto de la población** a nivel cualitativo—, ese alto nivel de sensibilidad emocional, ese perfeccionismo también intenso, hacen sentir y vivir la vida con una gran

fuerza emocional, percibiendo sensaciones, situaciones, detalles, personas, de forma amplificada, desmedida, desmesurada, agrandada, ensalzada, abrumadora para uno mismo y también para los demás. Es tal esa intensidad emocional que a veces una se pierde y los demás no lo comprenden. En este sentido, Pierrick Labbé[5] hace una bonita similitud entre el perfeccionismo y los cinco niveles de la teoría de Dabrowski, representándolo según estos niveles de desarrollo (o teoría de la desintegración positiva).

Esa intensidad emocional está relacionada con las sobreexcitabilidades —también conocidas como supersensibilidades o superestimulabilidad—, un término básico en la **teoría de la desintegración positiva de Dabrowski**. A continuación expongo qué constituye las sobreexcitabilidades y luego paso a explicar esta teoría.

Dabrowski identificó cinco tipos de **sobreexcitabilidad** (*overexcitability*, OE), que representan una forma diferente de experimentar, de estar realmente vivo. Enriquecen la experiencia humana y constituyen una capacidad innata superior para responder a los estímulos. Se refieren a las intensidades psíquicas que tiene la persona y forman parte de su naturaleza. En el caso de las personas con altas capacidades, se dice que pueden tener todas ellas o solo alguna, aunque no todas las personas con altas capacidades tienen sobreexcitabilidad. Estas intensidades las forman cinco capacidades (psicomotora, sensual, imaginativa, intelectual y emocional), que son en realidad la manifestación del potencial de desarrollo emocional innato de la persona (o teoría de la desintegración positiva) y pueden ser utilizadas para identificar a las personas con altas capacidades (Piechowski).[6] A continuación describo las diferentes OE a partir de la propuesta de Sharon Lind (2011), descrita en un artículo publicado en SENG:[7]

---

5. Impulsor de Mensa Perú en 2017. Véase https://www.superdotadosperu.info/superdotado-intelectual-perfeccionismo-frustracion/.

6. Piechowski, M. (1986), «The concept of developmental potential», en *Roeper Review*, vol. 8, n.º 3, pp. 190-197.

7. Véase https://www.sengifted.org/post/overexcitability-and-the-gifted.

♪ **Sobreexcitabilidad psicomotora.** Es una excitabilidad aumentada del sistema neuromuscular. Esta intensidad psicomotora incluye la capacidad de ser activo y energético, amor al movimiento, exceso de energía demostrado por el habla rápida, entusiasmo efervescente, actividad física intensa, constante acción y presión para la acción (llegar a soluciones). Ante situaciones tensas, las personas con OE psicomotora pueden hablar y actuar compulsivamente, mostrar hábitos nerviosos (movimientos de piernas o manos, por ejemplo), manifestar impulso intenso (trabajo en exceso sin poner límites) o volverse muy competitivas. Muestran una gran alegría, derivada de su enorme entusiasmo y de su actividad física y verbal, pero pueden resultar abrumadoras para las otras personas. Algunos niños pueden ser diagnosticados erróneamente de TDAH. Como estrategias, es importante realizar actividad física y verbal (deporte, teatro, baile, meditación...) antes y después del trabajo (o del colegio...), dedicar tiempo a la espontaneidad, estar y hacer descansos en espacios abiertos.

♪ **Sobreexcitabilidad sensual.** Experiencia intensificada de placer o disgusto sensual que emana de la vista, el olfato, el tacto, el gusto y el oído. Las personas con sobreexcitabilidad sensual tienen una apreciación temprana y creciente por los placeres estéticos, como la música, el lenguaje y el arte, y obtienen un deleite infinito de sabores, olores, texturas, sonidos y vistas. Pueden quedarse absortas ante una obra de arte o una pieza musical. Pero, al mismo tiempo, pueden sentirse mal o no soportar el aporte sensorial (parecerle insoportable un olor, detestar tocar la arena con los pies cuando son pequeños, o no soportar las etiquetas de la ropa o el ruido). Si estas personas están tensas, pueden comer en exceso (o abusar de un alimento concreto, o tener reacciones alérgicas a alguna comida), comprar compulsivamente, buscar variedades de experiencias sexuales, o ser el centro de atención. Es importante crear un ambiente que limite los estímulos ofensivos y brinde comodidad, ofrecer oportunidades para practicar o disfrutar de producciones creativas y dramáticas, y tomarse

el tiempo necesario para deleitarse de lo sensual y de las experiencias creativas.

♪ **Sobreexcitabilidad imaginativa.** Refleja un juego elevado de la
imaginación con una rica asociación de imágenes e impresiones,
uso frecuente de imágenes y metáforas, facilidad para la invención
y la fantasía, visualización detallada y sueños elaborados. Muchos
niños mezclan la verdad con la ficción o crean sus mundos priva-
dos con compañeros imaginarios y dramatizaciones para escapar
del aburrimiento. Les resulta difícil mantenerse en un aula donde
la creatividad es secundaria al aprendizaje de un plan de estudios
rígido. Suelen escribir historias o dibujar en clase mientras el profesor explica algo, o «irse» mentalmente cuando les surge alguna
idea interesante. Es importante ayudarles a utilizar la imaginación,
y a diferenciar entre su imaginación y el mundo real.

♪ **Sobreexcitabilidad intelectual.** Se demuestra por una marcada
necesidad de buscar la comprensión y la verdad, adquirir conocimiento, concentrarse, hacer preguntas, analizar, sintetizar, resolver problemas tenazmente, tener una mente activa. Son intensamente curiosos, a menudo lectores ávidos y observadores
entusiastas. Saborean la planificación elaborada y tienen un recuerdo visual notablemente detallado. Aman el pensamiento moral, lo que se traduce a veces en fuertes preocupaciones por cuestiones morales y éticas. Son independientes de pensamiento y
en ocasiones se muestran críticos e impacientes con los que no
pueden mantener su ritmo intelectual. Pueden entusiasmarse tanto con una idea que interrumpen en momentos inapropiados. Preguntan por qué desde que son muy pequeños y esa curiosidad
se mantiene a lo largo de su vida. Pero no tiene nada que ver con
la inteligencia: hay personas muy inteligentes que no tienen esa
sobreexcitabilidad intelectual.

♪ **Sobreexcitabilidad emocional.** Se refleja en los sentimientos intensos y extensos, en los extremos de las emociones, en la identificación con los sentimientos de los demás y en una fuerte
expresión afectiva. Otras manifestaciones incluyen respuestas

físicas, como dolor de estómago, y preocupación por la muerte, la soledad y el dolor de los demás. A veces sufren ansiedad. Están capacitados para tener relaciones profundas, y muestran fuertes apegos emocionales a personas, lugares y cosas. Tienen compasión, empatía y sensibilidad en las relaciones. Son muy conscientes de sus propios sentimientos, de los cambios en la etapa vital, y a menudo mantienen diálogos internos y practican el juicio propio. Son acusados por los otros de «exagerados». Precisamente, **aceptar esta intensidad emocional y no tacharlos de exagerados o melodramáticos es ser respetuoso con estas personas**.

En las investigaciones que se han hecho sobre excitabilidades, el OE emocional, combinado con un fuerte OE intelectual, es el más significativo para indicar un gran potencial en el desarrollo avanzado. Las personas con altas capacidades tienen más sobreexcitabilidades. A partir de estas OE, si más de una o las cinco tienen aperturas amplias, la abundancia y la diversidad de sentimientos, pensamientos, visión y sensaciones producirán irremediablemente disonancias, conflictos y tensión. Experimentar el mundo de esta manera conlleva grandes alegrías y a veces grandes frustraciones. Conviene tratar las frustraciones positivamente para facilitar el crecimiento de la persona. Enriquecen, amplían e intensifican el desarrollo mental de la persona, aunque muchas veces los demás se asustan de tanta intensidad.

La **teoría de la desintegración positiva de Dabrowski**, o teoría del desarrollo emocional, significa que uno está integrado en un nivel superior de consciencia, más emocional y perceptivo, comparado con el resto de las personas. Dabrowski considera que hay tres tipos de desarrollo:[8]

---

8. Según la aportación de Elizabeth Mika en 2010. Véase http://enolsuperdotacion.org/project/linda-silverman.

1. Normal.
2. Monolateral o unilateral (tener algún talento).
3. Global (universal) y acelerado (superdotación).

El mayor potencial para transformar los valores y convertirse en una persona más íntegra, con valores morales y emocionales, se situaría en el acelerado. Esto sería la inteligencia, las sobreexcitabilidades y los talentos, además de una actitud para desarrollarse. Se basa en ese aspecto afectivo del desarrollo, explicando dicho desarrollo en cinco niveles como si de un continuo se tratara, y las transiciones de la persona desde un nivel inferior hasta niveles superiores de desarrollo, teniendo en cuenta sus propios valores. La persona puede tener características que corresponden a los cinco niveles en función de cómo sea cada transición, que depende de su propio potencial de desarrollo (y no de su edad). Este proceso de desintegración comporta un conflicto interno de la persona, por lo tanto un posible cambio, aunque son pocas las personas que consiguen los niveles más altos:

> Las sobreexcitabilidades disponen, según la teoría, de una capacidad predictiva importante respecto al potencial del sujeto; de este modo, cuanta más intensidad demuestre la persona en cada una de ellas, más probable será que alcance su evolución los niveles superiores de desarrollo. Lo que significa que el individuo superdotado dispone de un potencial considerablemente mayor a la media normativa puesto que, según Dabrowski (1964), es alto el porcentaje de quienes permanecen en los niveles inferiores durante toda la vida por poseer unas bajas intensidades. Es esta, por consiguiente, la respuesta a la nueva visión que la teoría aporta, ya que parte de la hipótesis de que a mayores sobreexcitabilidades mayor potencial del sujeto, y, por tanto, más altas capacidades (Pardo, 2004: 448).[9]

Cuanto mayor es el número de OE y su intensidad, mayor es el potencial de desarrollo de una persona. Veamos cuáles son los cinco nive-

---

9. Pardo, R. (2004), «La teoría de la desintegración positiva de Dabrowski», en *Revista Complutense de Educación*, vol. 15, n.º 2, pp. 431-450.

les del desarrollo humano según la teoría de Dabrowski, siguiendo la ordenación de Raquel Pardo y Yolanda Benito:[10]

♪ **Nivel 1. Integración primaria.** La persona está integrada a un nivel muy bajo. Corresponde a las tendencias innatas de la persona, caracterizadas por un instinto egocéntrico que le lleva a entender el ambiente externo como un medio para conseguir sus propios intereses, y a los que le rodean como instrumentos para alcanzar sus objetivos. No hay conflicto interno: la responsabilidad es de las otras personas; son encantadores si necesitan algo, pero ven a los otros como objetos. No existe la capacidad de empatizar. Es una estructura psicológica muy rígida. Las personas de este nivel persiguen en la sociedad el poder, el dinero y la fama; lo único que se plantean son las ganancias materiales y personales que se van a obtener. Son personas muy superficiales y no tienen deseo de crecimiento si consiguen lo que quieren.

♪ **Nivel 2. Desintegración uninivel.** La persona está confusa, insegura de sí misma. Se asumen valores sociales sobre lo que es y no es moral, y se contrasta esta información con las tendencias egocéntricas que han caracterizado la conducta de la persona hasta ese momento. El individuo comienza a buscar la aceptación de su grupo de referencia, aunque su satisfacción personal sigue siendo prioritaria. El conflicto interior es horizontal, una competición entre valores iguales. Son como veletas, no tienen un núcleo interno, siguen siendo líderes, les falta una jerarquía de valores internos, y si les pasa algo quieren luego volver a la vida de antes. Esto no es un proceso de desarrollo.

♪ **Nivel 3. Desintegración multinivel espontánea.** Es el inicio de un nuevo nivel de desarrollo. La persona logra desarrollar una jerar-

---

10. Véase https://www.centrohuertadelrey.com/documentos/articulos/dabrows ki.pdf.

quía de valores internos. Así, el conflicto deja de ser horizontal para producirse de forma vertical, llevando a la persona a estándares de conducta superiores. Empieza a desarrollar la profundidad, empieza a ser mejor. La persona se siente insatisfecha con lo que es y se plantea lo que debería ser. Procede de la actitud propia de cada uno, con el deseo de autodesarrollarse combinado con la inteligencia y las sobreexcitaciones de esa persona. Es la capacidad de entender la abstracción de lo que puede llegar a ser. Aunque el conflicto, y por tanto el desarrollo, se está generando de manera interna, no existe una conciencia clara de la situación vivida (por eso se llama desintegración multinivel espontánea). Aquí aparecen los *dinamismos*, que conforman un entramado de estrategias que el individuo pone en marcha con el objetivo de superar el conflicto y alcanzar niveles superiores de desarrollo. Estas funciones están ya en el nivel anterior, pero es en este nivel donde aparecen como fuerzas de cambio internas. Comienza a aparecer la conciencia sobre el sentido último de la evolución interna del individuo: *el ideal de personalidad.*

♪ **Nivel 4. Desintegración multinivel organizada.** La persona busca una transformación de nivel superior, no es espontáneo. Actúa de manera independiente; tiene la capacidad de proyectarse fuera de la propia vida y verse como en una película, observando sin juzgarse. La persona deja de plantearse la diferencia entre lo que es y lo que debería ser, para preguntarse lo que debería ser y lo que será, por lo que asume la necesidad del cambio y de la evolución. Esto le lleva a desarrollar nuevos dinamismos que van más allá de la búsqueda del ideal de personalidad, teniendo una conciencia plena de este ideal y aceptando su compromiso en el camino hacia esa meta. La conducta de la persona es promovida por un sentido de responsabilidad hacia sí mismo y hacia los demás, así como por un sentimiento altruista de entrega y superación. La jerarquía de valores pasa de ser un contraste entre las propias creencias y los valores humanos universales.

♪ **Nivel 5. Integración secundaria.** Es un nivel superior: no hay conflictos interiores, dominamos los propios instintos. El sujeto alcanza su pleno desarrollo positivo, autorrealizándose en el «ideal de personalidad». Este se caracteriza por una jerarquía de valores interna que supera la limitación contextual de la cultura de origen para llegar a cotas de abstracción universales, promoviendo en el individuo un comportamiento continuo de responsabilidad, bondad y altruismo hacia sí mismo y los demás.

Esta teoría proporciona la posibilidad de comprenderse, sobre todo a quien posee esa intensidad emocional, y también la de explicar cómo entender a las personas con altas capacidades, encontrando sentido a su manera de estar en el mundo, de actuar y sentir. Linda Silverman (2017)[11] explica que Dabrowski nos ofreció un marco para entender el mundo interior de las personas con altas capacidades. Son personas avanzadas moralmente, más complejas y más intensas. Cuestionan, juzgan en función de la integridad moral de las personas, y eso no gusta. Comenta la necesidad de no juzgar ni considerar como algo negativo la intensidad emocional de las personas; de hecho, esta mayor profundidad de las emociones y los sentimientos de las personas con altas capacidades puede ser profundamente dolorosa. Apreciar esa intensidad, esa sensibilidad, es beneficioso para el crecimiento del desarrollo creativo, así como fuente de enriquecimiento a nivel personal de la persona con alta capacidad. Además, puede ser muy beneficioso para la sociedad.

La **capacidad de introspección desde la propia introversión**, que posibilita el hecho de **observar**, es otra característica que se va repitiendo a lo largo de los capítulos. Está también presente la **soledad**, esa sensación interior, ese sentimiento tan profundo y vívido. La soledad es deseada en algunos momentos, cuando el aislamiento es voluntario, pero

---

11. Véase https://www.youtube.com/watch?v=O96olgLluBE.

otras muchas veces no lo es, al sentirse uno solo incluso rodeado de muchas personas. A lo largo de la vida, esa sensación se experimenta constantemente: en la familia, la escuela, los lugares de trabajo, con los amigos y conocidos. Aunque, por otro lado, ¿por qué parece tan difícil afrontar la soledad? Lo que para muchos puede resultar insoportable, para muchas personas con altas capacidades es necesario, aunque a veces doloroso. Por supuesto que hay que buscar situaciones que faciliten el contacto con otras personas —pues el aislamiento puede llegar a ser extremadamente intenso—, pero eso lleva muchas veces a enormes decepciones. Esa **solitud**, si es reconocida y aceptada, constituye una maravillosa oportunidad para crearse un mundo interior muy rico. Precisamente esa capacidad de reflexión, de observación, se da a partir de la introspección que facilita la soledad. Se crean maravillosos y ricos mundos internos —que, como vamos viendo, en muchos casos son bastante comunes— a partir de esos «espacios verdes», como yo los llamo. Y al mismo tiempo se cultiva la **intuición**.

La **capacidad de hacer una lectura emocional**, de sentir la vida de los otros, es una de las facetas de la **hiperrecepción ajena**:

> Sentir de manera casi palpable cómo se va a comportar el otro, qué va a hacer, en qué se va a convertir. Corresponde a lo que percibe el superdotado: una certeza límpida respecto a la vida, respecto al futuro, de quien está enfrente de él. Una certeza debida al análisis fulgurante e instantáneo de múltiples parámetros, condensados en un relámpago, con esa intensa captación emocional que cristaliza su sentido. Es una deducción intuitiva. El superdotado lo sabe, pero, una vez más, no puede explicarlo. Cuando el entorno es seguro, el sujeto intenta guiar al otro; de lo contrario se calla. ¿Cómo explicar lo inexplicable? (Siaud-Facchin, 2014: 186).[12]

Ligada a ese sentir la vida de las otras personas, a crearse un mundo interior rico, a la solitud, a la capacidad de reflexión, a la introversión,

---

12. Siaud-Facchin, J. (2014), *¿Demasiado inteligente para ser feliz? Las dificultades del adulto superdotado en la vida cotidiana*, Paidós, Barcelona.

a la observación... está **la intuición**. Las personas con altas capacidades suelen tener esa capacidad para detectar instintivamente las cualidades, las sensaciones y las preocupaciones de sus interlocutores. Es esa capacidad de ver más allá, incluso de hacer de espejo de los demás, y eso muchas veces no es bien considerado o entendido. La inseguridad que crea el hecho de no poder demostrar algo tan irracional, la falta de comprensión por parte de los demás, hace sentirlos todavía más extraños. Sería suficiente con creer de forma natural en su primera intuición, su primer instinto hacia la resolución de problemas y situaciones, hacia las otras personas o lugares, gracias a esas conexiones, interrelaciones, que tienen la capacidad de realizar. Quizá con el tiempo, esa intuición, esa capacidad de ver, podría convertirse —de forma consciente— en el hilo invisible que guía a la persona hacia una visión de sí misma más ajustada, armoniosa, auténtica y serena. Como apunta Arielle Adda,[13] esta audacia, que sin pensarlo puede llegar a utilizar de forma natural, le proporciona una fuerza increíble para emprender caminos que consideraba prohibidos, imposibles, pudiendo explorar, sin miedo a morir en el intento, los caminos hacia la realización personal con la que apenas se atrevió a soñar.

---

13. Adda, A. y Brunel, T. (2015), *Adultes sensibles et doués. Trouver sa place au travail et s'épanouir*, Odile Jacob, París, pp. 111-112.

¿Qué hacer?

En cuanto al **ámbito laboral** de las personas con altas capacidades, del que ya he hablado en el primer capítulo, me gustaría mencionar aquí algunos consejos que da Adda,[14] haciendo referencia a los resultados de las investigaciones y las reflexiones que presentó en 2009, en una conferencia de Mensa Holanda Grethe van Geffen. Aconseja a los mánager y a los responsables de recursos humanos confrontados a los colaboradores con alto potencial, **siete actitudes y trucos**:

♪ Ofrecedles una gran parte de autonomía, así como un mánager o colaborador que los estimule.

♪ Preferid las metas, los objetivos y los campos de investigación a las reglas y el control.

♪ Proponedles una emulación pidiéndoles que creen y mejoren, evitando sobre todo un exceso de trabajo rutinario.

♪ Dejaos llevar, dejadles hacer el trabajo a su manera y evitad preocuparos demasiado por vuestro propio puesto de trabajo, pues los empleados con altas capacidades no son para nada una amenaza para vuestra posición; simplemente desean que su trabajo sea excelente.

♪ Utilizad su curiosidad, preguntadles para explorar y para aconsejaros. Incluso valorad que ocupen una nueva posición en campos para los que no han sido entrenados. De esta manera, os podréis beneficiar de una importante fuente de innovación.

♪ Preguntadles sobre los entresijos de sus ideas. Una idea que puede parecer asombrosa, o poco adecuada, puede resultar bastante útil si se ofrece la oportunidad y el tiempo necesario para exponer el razonamiento subyacente.

---

14. *Ibíd.*, pp. 269-270.

♪ Los descansos o las pausas largas pueden enlentecer sus reflejos y a veces necesitan más trabajo del que pueda ser razonable para vosotros. Dejadles trabajar a su ritmo y no os sorprendáis si, al ser flexibles y dejarlos libres, acuden a vosotros y os piden más.

Estos «trucos» para directivos puede utilizarlos ampliamente cualquier persona talentosa en cualquier empresa, sea del tipo que sea; también son adecuados para los programas de *mentoring* que muchas empresas están implantando, con diferentes objetivos. Estas actitudes pueden ser muy interesantes, sobre todo en las fases de selección de participantes y en los emparejamientos. Por otra parte, estas ideas pueden llevarse a cabo también en las universidades, en las propias clases, para integrar a los estudiantes con altas capacidades y obtener el máximo beneficio posible en el aprendizaje de ellos mismos y de sus compañeros.

En cuanto al **perfeccionismo** subyacente en las personas con altas capacidades, Luz Pérez[15] lo asocia al síndrome de la abeja reina y propone un decálogo para prevenir la situación de las mujeres que sufren dicho síndrome. Este decálogo, muy util también para los hombres con altas capacidades, puede servir al menos para reflexionar sobre el tema. Los 10 puntos son:

1. Afirmarse profesionalmente como mujer.
2. No preocuparse por sentirse diferente.
3. Decidir si vivir o no en pareja, si tener o no hijos.
4. Determinar cómo combinar la vida laboral y la vida familiar.
5. Decidir por adelantado qué rol va a ser prioritario en las situaciones conflictivas.
6. Establecer compartimentos distintos para el trabajo y la familia.

---

15. Pérez, L. F. (2002), «El síndrome de la abeja reina», en Pérez, Domínguez y Alfaro (eds.), *Actas del seminario: situación actual de la mujer superdotada en la sociedad*, Consejería de Educación, Madrid, pp. 217-234.

7. Ver los beneficios de la doble jornada.
8. Controlar la dedicación.
9. Ajustar y planificar la dedicación laboral y familiar para organizarse o delegar aquellos apartados que no van a poderse llevar a cabo.
10. No intentar cargar con la responsabilidad de todo lo que ocurre a nuestro alrededor. Aun pudiéndolo hacer y yendo todo bien, podemos acabar agotadas, y si las cosas salen mal, nos sentiremos terriblemente culpables.

Me siento muy cerca de esta saxo que conocí en su precioso país, Perú, hace poco más de un año. Desde el principio se produjo una íntima conexión; además, nos unían características comunes, siendo y sintiendo una bella combinación de *saxofón junto con redobles rápidos de batería*, como en «The Logical Song», de Supertramp. La incomprensión exterior, el querer encontrar respuestas, el no ver sentido en pedir o decir cosas evidentes, la capacidad de colocarse fuera de una misma siendo objetiva, la metacognición, la asociación intensa de pensamientos e ideas, el rico mundo interior, el objetivo de ayudar a los demás, un cierto idealismo, esa capacidad de leer las emociones pero dar miedo por ello. Tener respuestas, ver, anticipar las circunstancias... es algo que a la gente le da miedo y se aleja. No gusta que vayas más allá. Entonces acabas siendo de nuevo la rarita. Pero precisamente esa diferencia, ese ser rara, intensa, sensible, intuitiva, nos hace fuertes internamente y puede ser de lo más excitante. ¿Qué sentido tendría si no la vida?

Diamante 11

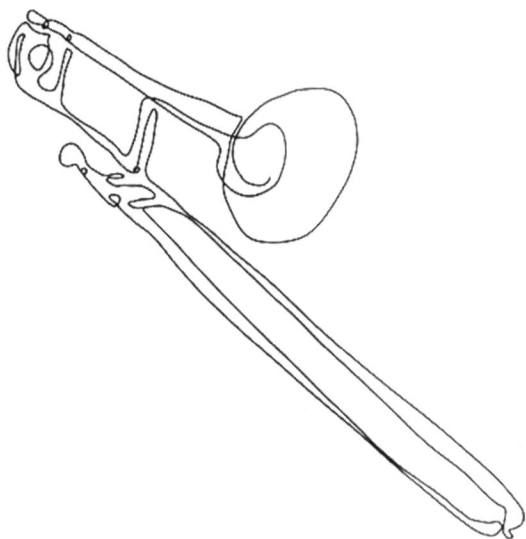

Un trombón a todo viento

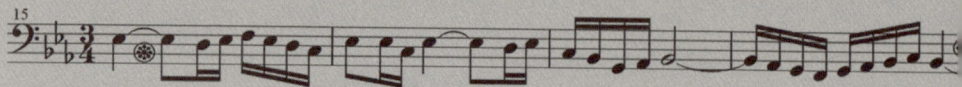

Daniel,
un chico de 14 años.
La música en estado puro.

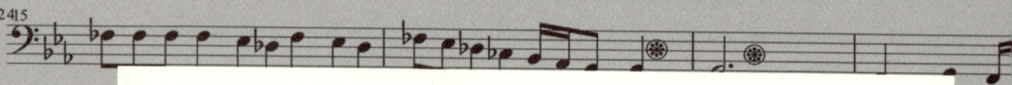

«Su firmeza era solo de voz.

Soy un "Asperger rehabilitado"».

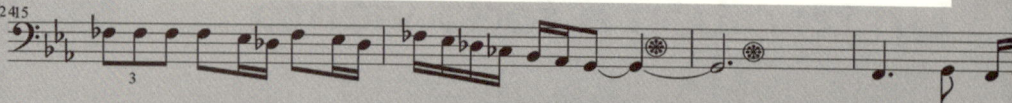

Donde las palabras fallan,
la música habla.
HANS CHRISTIAN ANDERSEN

Somos de Perú. Mi hijo Daniel tiene altas capacidades y es Asperger; le gusta la música y se dedica a ella. Lo que te voy a explicar es con su consentimiento. Tiene 14 años y es de finales de año. No hablaba mucho, pero a mí esta circunstancia nunca me preocupó. Con tres años no hablaba demasiado, pero sí veíamos que era bastante inteligente y hábil, aunque no pensaba que fuera superdotado. Por lo demás, saltaba, jugaba, reía, era feliz. Sonreía mucho, no había dificultades ahí. Niño obediente, tranquilo, aprendía solo, normal. Jugaba con sus primas, las miraba, compartían. De más mayor, ya empecé a darme cuenta de que había conductas respecto a los otros que eran diferentes. Después, al iniciar el colegio a los tres años, cambió mucho. La relación con los niños no era buena, se reían. *No quería ir al colegio.* Años más tarde me contó que el profesor le había hecho burla delante de los otros. Mientras tanto, él, en el colegio, no resolvía demasiado bien. En casa se comportaba bien, pero había diferencia con el colegio en cuanto a su comportamiento. Lo diagnosticaron de autismo porque no hablaba, lloraba, y tenía ya algunos movimientos de ansiedad, aunque era circunstancial en ciertos momentos, no era lo habitual. Inicialmente no lo decía porque vi que el colegio no le iba a entender. Me condicionaron su matrícula. Me dijeron que o llevaba un diagnóstico o no podría seguir en el colegio. Les llevé un informe psicológico de la psiquiatra de autismo, aunque la psicóloga no quiso decir nada porque hasta los siete años no podían asegurarlo. En la escuela no quisieron hacer nada. Lo dejé un año más, en ese segundo año fue bastante bien, pues *le tocó una maestra que le ofrecía sus tiempos, tenía más sensibilidad.* Yo le decía que para socializar tenía que hacer un esfuerzo. Él era muy tranquilo. En una situación íbamos por la calle y había un charco. El semáforo a punto de cambiar. No quiso pisarlo, se angustió, pero, claro, teníamos que pasar al otro lado, insistí, y venga el berrinche durante dos cuadras. Otra vez recuerdo que, para entrar al colegio, iba a pataletas, lo tenías que agarrar para entrar, pero eso era habitual, decía que se aburría. Otra vez iba jugando por la calle, se encontró con un murito y quería saltar. Un viejito le dijo: mi niño, no saltes que te puedes dañar. Empezó a llorar y estuvo así como dos horas, pues, como le habían dicho algo que no debía hacer, él lo tomó muy mal, disgustado y llorando. Hacia los dos añitos o menos, en una cómoda había diferentes manecitas, unas arriba, otras abajo, y él empezó a ordenarlas. Se las desordené para ver qué pasaba y las volvió a ordenar, y así varias veces. Hacia los cuatro añitos se aprendió como 30 países en un momento, señalándolos en el mapa, se los sabía de memoria. Hacía gracia, claro, no le prestábamos atención especial, *él entendía todo, pero en el colegio no estaba bien.* Académicamente no era el problema, entendía absolutamente todo, pero era por el comportamiento. A los cinco años lo cambiamos de colegio, en la primaria. En este colegio pasó su examen psicológico y no detectaron nada. Era revoltoso, pero nada más, no estaba claro, no se notaba, parecía un niño obediente, nada más. Socializó un poco mejor, no era muy enfático, pero no lo consideraban como un problema. *Pero a él nunca le gustó el colegio, no quería ir al colegio. Incluso ahora tampoco.* Amigos ha ido haciendo; pocos, pero tiene. En la primaria no tuvo problemas a nivel académico. Pasó tres o cuatro años así. Ahora es consciente de lo que tiene, pero en aquel momento no. Hace poco, en este año, con 14 años, lo llevé para una evaluación, ya me confirmaron que tenía Asperger. Pero no necesita medicación, está bastante bien, aunque hay por ahí un *tema emocional* que se debe ir tratando. Ha seguido en este mismo colegio, además ha tenido una maestra de inclusión que ha estado pendiente de él.

Cuando ingresó en la primaria, había un tema de control, él quería sacar buenas notas, pero sin estudiar. Un día, en primero de primaria, le mandaron aprender 80 palabras, pues luego hacían un examen. En casa, le insistí que teníamos que aprenderlas, mirar cómo se escribían..., pero él que no, que le hiciera el dictado directamente. Finalmente, se lo hice y, claro, se equivocó en algunas palabras. Le cogió un berrinche que le duró unas horas. ¿Por qué? Pues porque él ya comenzó a entender que las cosas las tenía que hacer bien, y su rigidez no se lo permitía. Lloraba simplemente porque no le salía a la *perfección*. También en ese momento nació su hermano y veía que había un bebito que también requería atención. Yo lo trataba con él, le explicaba, necesitaba precisamente *que se le explicara*. Le dije ahí que no me importaba la nota que tuviera, sino que él estuviera bien, que aprendiera, y ahí se calmó. Ese año lo sacó todo con muy buenas notas, ganó incluso el primer puesto de idioma. Le tocó también una maestra linda de verdad. Se concentró bien. Aún a día de hoy, es bastante *competitivo*. En ese colegio no tuvo mayores problemas de comportamiento, incluso decía que los compañeros son unos malcriados, no sirven, están mal, no se saben comportar. Tiene un *tema moral* de fondo, *la justicia*, ante todo. Pero en clase permanecía en silencio. Por eso yo no tenía la dificultad en casa. *Guardaba para sí*, y si yo preguntaba me decía. En el tercer año hizo pocos amigos. Con él nadie se metía, le molestaban, pero tendía a defenderse. De los dos o tres amigos que hizo, a uno de ellos, al más íntimo, le hacían bullying. Es un niño que también diagnosticaron de autista. Él decía que era muy *injusto*, me lo decía a mí, pero no en el colegio. Además, sus amigos le empezaron a ignorar, lo dejaban de lado, no le invitaban a ninguna fiesta. Le insté a que se lo contara a la profesora, finalmente pudo decir alguna cosa. Lo podría haber hecho yo misma, pero lo que quería es que fuera él el que lo contara, mi intención no fue nunca sobreprotegerlo. Una de las grandes dificultades es que era callado; renegaba por la conducta de otros niños, pero en casa. Mientras tanto, buenas notas, no decía nada, pero en el colegio empezaron a castigarlo porque le echaban las culpas de cosas que hacían los otros. Ahí él finalmente pudo hablar, lo dijo, yo también tuve que intervenir, sobre lo que sentía y lo que estaba pasando, y en la escuela, junto con la maestra de integración que estaba bien implicada, pudieron entenderlo mejor.

En cuarto grado de primaria entró en la banda de música. Él me dijo: mamá, voy a entrar en la banda. Yo le pregunté que qué instrumento iba a tocar. Podía escoger diferentes instrumentos, le dieron a probar muchos, a él le salía bien tocar varios, pero los habituales no le atraían. Piano no, violín no... Finalmente dijo que el que le gustaba era el trombón, se quedó con el trombón desde el principio. Lo tenía bien claro. Comenzó a tocarlo en la banda. Paralelamente, igual tenía pocos amigos, los profesores nunca me decían nada, se porta bien, hace sus tareas, está entre los diez primeros, eso era todo lo que recibía del colegio. Pero yo ya *empecé a explicarle a él*, porque ya desde los ocho años notaba que me iba a explicar algo, pero se quedaba callado, sospechaba que tenía una obsesión en la cabeza. Le preguntaba y no me quería decir. Tenía pensamientos a través de la imaginación. Pensaba que iba a pasar algo malo, sentía culpa, él solo se aislaba. Para persuadirlo le instigué al punto que me explicó lo que pasaba. Eran solo obsesiones, manías, pero tenía que comprender que todo era debido a su manera de ser. Me empezó a explicar cuáles eran. Una vez era la necesidad de mover el hombro. Otra el brazo. Inclusive con la carita hacía un ruido durante la charla. Cuando me pudo verbalizar que tenía esa manía, ya no le pasó. Ahora lo podemos hablar, y lo maneja desde los ocho años más o menos. Hace unos dos años también me explicó que sentía que lo estaban observando. Lo estuvimos trabajando, hasta que vio que no tenía lógica. Íbamos trabajando esos cuadros obsesivos, ahora ya no los siente. Por eso que no es del Asperger típico, y además *convive junto con* esa inteligencia por encima de la media. Él pasa vergüenza. Hacia esos ocho años, dejó de sonreír, de tener expresión, una cara más seria. Ahora ya no tanto. Tiende a tener mal humor, mantiene el carácter algo difícil. Pero, claro, la adolescencia también influye. Siente lo fastidiosa que es su mamá. Toda su vida me he dedicado a abrazarlo, a besarlo, a darle mucho y mucho cariño. Otros decían: pues déjalo, él no quiere, pero yo *quiero que pueda tolerar los abrazos, el contacto, es bueno para él*. No ha tolerado mucho los abrazos, pero tampoco las etiquetas de la ropa. Los uniformes del colegio, cuando tienen que ir con pantalón y camisa, decía siempre que los odiaba y detestaba, ahora los tolera más, su piel los tolera. Ahora, por las noches, me permite más hacerle cariños. Muchas veces he tenido que contenerme porque sus berrinches han sido grandes. Otros no ven la necesidad de hacer todo esto, pero **hacerse consciente y hacerlos conscientes es muy importante**. Su hermano pequeño, con cinco años menos, es un niño muy vivaz, salta, corre, fastidia, hace bromas, es muy amoroso. Con él la relación ha sido tensa, lo critica, lo insulta, lo maldice, le dice de todo, pero quiere mucho a su hermano.

He tenido que trabajar también con el pequeño para que comprenda cómo es su hermano, eso a veces le ha dado problemas en el colegio, pues pensaba que no servía, que no hacía suficientemente bien las cosas, como el mayor. Ahora la relación entre hermanos va mejorando. Y los celos..., eso también ha influido. Como el pequeño es superamoroso, él ha tenido muchos celos. Cuando tenía cinco o seis años y el pequeño tenía pocos meses, pasó por muchas rabietas, que le duraban días, y era como la ley del hielo, Daniel no decía nada, yo tampoco, pero eso no podía ser, no era la solución, no era el camino. Todo lo que dicen al respecto es que no soportan el contacto, el cariño, la proximidad, pero yo veía que ese no era el camino. Fue hacia los siete u ocho años que cambié la manera de hacer. Una vez estaba haciendo algo en la computadora y él vino. Le pedí algo, dijo no, y yo volví a insistir, y él no, yo pensaba cómo podía ser, que eso no iba así. Él cada vez más firme y yo también, hasta que me di cuenta de que su firmeza era solo de voz. Inmediatamente me callé y lo abracé. No quería primero, pero le expliqué: esto así no va bien. Él lo aceptó.

Su estructura no va a cambiar, pero yo lo abrazo, lo beso, **mi objetivo siempre fue ese: toléralo.** Y cuando tienes hijos tienes que saber lo que ellos necesitan. Toléralo. A veces no me entiende, me considera fastidiosa. Pero yo le explico. El año pasado, en el colegio, hicieron una dinámica en la que cada muchachito iba diciendo sobre ellos. Uno dijo que era hiperactivo, que estaba diagnosticado de TDAH. En ese punto mi hijo levantó la mano y dijo: «**Yo soy un Asperger rehabilitado**». Me mandaron llamar para explicármelo. Es superbueno. Además, me dijeron: ya sabes que es un Asperger, pero talentoso. En el WAIS[1] (Wechsler para niños), su coeficiente intelectual fue de 122 global y 132 (promedio muy superior) en el área de verbal. Ya desde pequeño me comentaba que a veces se quedaba en blanco: me duermo con los ojos abiertos. Lo cierto es que estaba despierto pero su mente estaba con otras cosas, interrelacionándolas de otra manera, aunque le traía alguna dificultad para atender lo que se explicaba en clase, pues *si no le interesaba desconectaba, lo que investigaba por sí*

---

1. WAIS de Wechsler es una de las escalas para medir la inteligencia.

mismo le interesaba más; sí, habla como un libro abierto, te corregía antes de mala manera, ahora ya no. De pequeñito le hicieron las pruebas y su CI (coeficiente intelectual) salió de 119, aunque ahí tenía muchos problemas emocionales. Es curioso cómo *los resultados pueden cambiar en función de cómo está él.* Creo que si sigue como hasta ahora con el tema de la música y se va desarrollando así, si volvemos a hacerle las pruebas, los resultados pueden ser mucho más altos. Algunas profesoras me dicen que sí, que va conversando algo más, aunque también hay que tener en cuenta que su carácter es ese. He intentado ofrecerle abrazos, dulzura, pero ahora siempre con su permiso, tiene otra edad. Cuando era pequeño notaba que se calmaba, pues piensa que hubo veces que me tiraba cosas, me empujaba, había berrinches muy largos, hubo momentos muy complicados. Ahora es capaz de decir: ya no más, prefiero que te vayas. Lo respeto, por supuesto, pero lo mejor de todo es que lo pueda entender. El hecho de *verbalizarle lo que le pasaba,* lo que sentía, que lo comprendiera, que se hiciera cargo de sus propios sentimientos y acciones, creo que le ha ayudado mucho. Ahora se socializa mucho mejor, aunque queda mucho camino todavía. Con ese niño hiperactivo han hecho un dúo extraño de amistad. Es curioso que en cuanto lo dijo públicamente, él se interesó y se hizo muy amigo de él. Le ha estado ayudando, hasta su mamá me dijo el otro día que desde que van juntos se dispersa menos, está más atento. Me sorprende, pero es así.

El año pasado se preparó para entrar en el conservatorio, tuvo tres días de exámenes. Veo que tiene un talento especial para la música desde muy pequeño. Con tres tocaba el teclado de oído, hacía composiciones él solo sin que nadie le enseñara. Yo lo veía, pero no iba a hacer nada si no era porque él lo pedía. Para él era normal, pero al entrar a la banda lo vio claro. Varias veces lo oí desistir por cansancio, porque se aburría, no por la habilidad. La quería dejar sin decir nada, pero conseguí que hablara con el profesor y ahí se quedó. También ha hecho robótica, se le da muy bien. Y los videojuegos le gustan muchísimo. Es muy hábil para la computación, muy por encima, demasiado.

Habilidad para la música, le encantaba, tenía talento y así fue como el año pasado miramos el conservatorio. Tenía 12 años y no los aceptaban hasta los 13. Él quería presentarse. Le dije: pues te apuntas a hacer lenguaje musical, él no quería, hubo que pactar. Empezó las clases y entre eso y el trombón fue mejorando, y ahora está en la banda del conservatorio. El trombón no era el típico instrumento para un niño de 12 años, pero tuvo uno, que nos costó un gran esfuerzo económico. Iba a clase y me quedé sorprendida. Sus profesores comenzaron a ver su talento. A los seis meses de práctica formal tocando el trombón, y con un mes de clase de lenguaje musical, pasó. Su profesor estaba muy sorprendido. Fue de hecho el único trombón que ingresó para preprofesional. Hay muy pocas vacantes. Ahora está pasando directo de cursos sin ir a todas las clases. *Esa energía está puesta en la música*, da conciertos, va ensayando con su repetidor, hace composición, le gusta componer cuando tiene algo de tiempo, pues el colegio le absorbe mucho. Pero él va cumpliendo, es *constante y muy tenaz*, aunque no de modo obsesivo. Es muy *desordenado en sus cosas*, eso sí, pero cuando le exijo va haciendo. Sé que la música para él es todo. Su idea es ser músico. Y me di cuenta de que si no insistía en que hiciera algo más, él solo lo hará. De hecho, se plantea seguir con la carrera de músico, y, como es tan hábil con la computadora y con temas electrónicos, se plantea hacer estudios en este sentido. Aunque también le gusta mucho la física y la química, se interesa mucho por la física cuántica. Entonces, bueno, veremos lo que hace. El próximo año dejará la banda en el colegio, pues ya está en el conservatorio, y va a ponerse a aprender a fondo inglés. Siento que la música la va a tener durante toda la vida. Además, verá si decide hacer algo sobre física, química o informática. Que él elija.

Daniel está sonriente. Gracias por querer que explique tu historia. Estoy bien. Es de pocas palabras, pregúntale, me comenta su linda madre. Y despega. Estoy componiendo poco, porque no tengo tiempo, hago arreglos. Hace una semana, creo, el jueves de la semana pasada, acabé un arreglo, en el conservatorio tuvimos un trabajo. Teníamos que hacer una exposición sobre la era del romanticismo. Entonces teníamos que interpretar alguna pieza de eso. No hemos escogido nada. Entonces yo dije para interpretar una pieza y a mis compañeros les agradó. Solo que no había partituras, bueno, había, pero eran de compra y no teníamos dinero. Entonces empecé a hacer el arreglo, pero estuve siete horas haciendo tan solo la introducción. Me demoré mucho y nos decidimos por otra pieza. Es que hacer el arreglo demora mucho. Fuimos a practicar a un local del conservatorio y a nadie le salía bien. Entonces, al regresar a mi casa, me puse con el arreglo, en total fueron 11 horas y ya, lo hice por fin, mandé las partituras a todos y al día siguiente todos lo practicaron. Hice el arreglo con un final temporal. Porque el final verdadero iba a demorar mucho más tiempo hacerlo. También es porque mientras se presenta un fragmento de una ópera, *Carmen*,[2] cuesta mucho. Pero, al parecer, el arreglo estaba bien, salió bien, era para siete instrumentos: clarinete en si bemol, saxofón alto en mi bemol, trompeta en si bemol, trombón, marimba y flauta dulce. ¡Ah! Y violonchelo. El *Boléro* de Ravel es una pieza que me gusta mucho, porque me parece agradable. Me agrada la parte de saxofón. Es un instrumento contemporáneo, pero te aseguro que en su época fue sorprendente, un solo únicamente de saxofón. La parte de trombón también me parece interesante. Es una pieza así como formal, muy ordenada, pero en el trombón, en el solo, usan *glissando*, ese efecto se utiliza en género más tropical, como salsa, y ahí se está utilizando en este tipo de piezas. El *Boléro* de Ravel presenta una técnica que se llama *obstinato*, que en italiano significa obstinado. Son solos de diferentes instrumentos pero iguales, es como la interpretación de la misma melodía con diferentes instrumentos. Esto es lo que se llama *obstinato*, que es repetir lo mismo, y después presenta un *crescendo* porque al inicio empieza muy suave y termina muy fuerte, con todos los instrumentos tocando. Es maravilloso. Increíble. Se divide en tres partes. La primera parte es la Introducción, de ahí los solos y de ahí la parte del final con todos los demás. Me gustan otras piezas, una que tocamos en el conservatorio fue *Sansón y Dalila*.[3] Otros instrumentos que me gustan..., no lo sé, el trombón. Hasta la próxima.

Después charlamos un rato con la madre. Me comenta que utiliza la flauta como si fuera un silbato. Sonreímos. Hay otras cosas que tie-

---

2. Ópera en cuatro actos compuesta en el siglo xix por Georges Bizet.
3. Ópera en tres actos compuesta en el siglo xix por Camille Saint-Säens.

ne el talento, pero no las menciona, no te lo va a decir. A veces es el prejuicio de que algunas cosas son difíciles, pero no es más que encontrarle la ruta. ¿Y qué es fácil en realidad? No hay nada. En la actualidad nada, nada. Manejamos la situación como bien podemos, sabemos, haciendo. Ellos, mis hijos, me apoyan, a su estilo. Son luz para mí y haría cualquier cosa. ¡Queda tanto por hacer!, ¿sabes? Pero la clave está en mirar las cosas que hay delante, no las cosas que no tienes, sino las que están por conseguir, ¡y hay tantas en la vida! Hay que sembrar, ir sembrando, mirar para adelante. Ver los avances de Daniel. ¡Su experiencia para mí ha sido tan importante! Y a veces he sentido que no lo debo guardar solo para mí, porque a veces me ha tocado lidiar a nivel profesional con cuadros psicóticos muy complicados, con problemas difíciles, es realmente complicado, y claro, mi hijito por lo menos está mejor, mucho mejor. La psicología, el instinto, me han ayudado; al ser profesional ves que la realidad, cuando te toca, es como es. Chaooo, hasta pronto.

Y así nos despedimos después de una intensa conversación que culmina otras muchas anteriores en Perú, donde nos conocimos gracias a una amiga y compañera de trabajo común.

Para comprender más...

De igual manera que con el *obstinato* del *Boléro* de Ravel, existe esa obstinación repetitiva, que va *in crescendo* y se convierte en cierta rebeldía. Dicen los entendidos en la materia que los Asperger son rebeldes, con sus rabietas, obstinados, rígidos, no soportan el contacto con otros, los abrazos..., sí, pero observamos en Daniel esa progresión y, gracias a la constancia familiar, ese acompañamiento, esa comprensión y dedicación; sus dificultades se han convertido en habilidades, haciéndolo sonar como si de un *glissando* se tratara, como un precioso diamante que brilla con luz propia.

Según el DSM-IV (1995),[4] hay diferentes tipos de trastornos generalizados del desarrollo:

- ♪ Trastorno autista.
- ♪ Trastorno de Asperger: incapacidad para establecer relaciones sociales adecuadas teniendo en cuenta la edad de desarrollo, además de rigidez mental y comportamental. Se diferencia del trastorno autista en que no presenta discapacidad intelectual y tiene un desarrollo lingüístico dentro de la normalidad.
- ♪ Trastorno de Rett: es más habitual en niñas y se asocia con una discapacidad intelectual grave. Antes de los cuatro años se produce una regresión motora y de la conducta.
- ♪ Trastorno desintegrativo infantil: después de un desarrollo normal, a partir de los dos años se da una pérdida de las habilidades adquiridas.

---

4. Diagnostic and Statistical Manual of Mental Disorders, APA (American Psychiatric Association).

♪ Trastorno generalizado del desarrollo: son los casos que no coinciden con los anteriores.

El DSM-V (2014) considera el síndrome de Asperger dentro de los TEA, trastorno del espectro autista que incluye el trastorno autista, el trastorno desintegrativo de la infancia y el trastorno de Asperger. Forma parte de un continuo más amplio e implica una pérdida de su autonomía específica como propia diagnosis. Eso posiblemente complica algo más el tratamiento en la atención socioeducativa y en el diagnóstico. Ahora básicamente son dos las áreas afectadas, a saber: la comunicación e interacción social y los patrones repetitivos comportamentales y de pensamiento.[5]

Actualmente se diagnostica de TEA (trastorno del espectro autista) a un gran número de niños de forma precoz, incluyendo en el grupo diferentes tipologías que no quedan claras y que en algunos casos quizá debieran ser exploradas a fondo. Parece que lo que interesa es el diagnóstico, tener la etiqueta y quedarnos tranquilos, como ha ocurrido muchas veces en los casos de TDAH (trastorno por déficit de atención e hiperactividad). ¿Prevención de qué, de quién y para qué? Cuestiones difíciles de resolver que están presentes en la mirada crítica de la llamada «nueva antipsiquiatría», mencionando las contradicciones de la psiquiatría en nuestra sociedad y «cuestionándose la constante clasificación diagnóstica y el uso abusivo de psicofármacos, así como un análisis político de la función social de la psiquiatría y una reflexión ética en el campo de la práctica clínica al cuestionar la influencia de la industria farmacéutica en la profesión psiquiátrica».[6] Tal como explica Berenguer,[7] la teoría de Asperger fue seguida años más tarde por Uta

---

5. González-Alba, B., Cortés-González, P. y Mañas-Olmo, M. (2019), «El diagnóstico del síndrome de Asperger en el DSM-5», en *Ajayu*, Órgano de Difusión Científica del Departamento de Psicología de la UCBSP, vol. 17, n.º 2, págs. 332-353.

6. Cea-Madrid, J. C. (2016), «Materiales para una historia de la antipsiquiatría: balance y perspectivas», en *Teoría y Crítica de la Psicología*, n.º 8, pp. 169-192.

7. Berenguer, E. (2019), «El lado oscuro de clasificar a las personas», en Herwig Czech, *Hans Asperger, autismo y tercer Reich. En busca de la verdad histórica*, Ned, Barcelona, pp. 197-221.

Frith (1991), que no valoró los antecedentes nazis de Asperger, y es la
manera de concebir el autismo hoy día. El trastorno de Asperger ha
quedado asociado a un trastorno en el que se combinan grandes dificultades de relación y comunicación con una inteligencia preservada o
sobresaliente, como en este caso. Berenguer apunta al hecho de «blan-
quear a Asperger», sosteniendo la idea de neutralidad de lo que se presenta como formando parte del ámbito de la ciencia, al pensar en las
prácticas científicas descontextualizando las investigaciones de los factores personales, sociales o políticos. Por otra parte, hace alusión al
peligro que tiene esta práctica diagnóstica tan común en la actualidad,
como si de una epidemia se tratara: «Los efectos epidémicos de las
clasificaciones también tienen sus consecuencias negativas, potencial-
mente peligrosas, en particular, cuando a través de protocolos y de prácticas de diagnósticos cada vez más precoces se corre el riesgo de agran-
dar el buche de un modo pernicioso». En este sentido, el hecho de haber
ampliado el propio DSM-V la categoría de TEA, con todo lo que incluye,
está relacionado con este diagnóstico temprano. Con esta etiqueta se
corre el riesgo de patologizar y de crear en las familias expectativas negativas de un trastorno con relación a cómo es visto el niño, sobre todo
cuando hay cierta confusión de «etiquetas». En los casos de altas capacidades no se corre tanto al diagnosticar porque no hay una industria farmacéutica detrás. Pero, en muchos casos, conseguiríamos, por
una parte, descartar falsos diagnósticos y etiquetas inadecuadas que
se confunden con las altas capacidades, y, por otro lado, poder poner
en marcha estrategias para atenderlos desde los centros escolares.
Y ahí viene una pregunta que me planteo muchas veces: esa construc-
ción, que es el diagnóstico, ¿sirve solo para etiquetar, identificar y en-
casillar, o como mecanismo efectivo para ofrecer las medidas que sean
necesarias? Quizá el diagnóstico no sería tan necesario en casos con
altas capacidades si los profesionales se sensibilizaran —también—
con estos casos; también si se cambiara esa percepción obsoleta que
se tiene de «ser inteligente» haciendo referencia únicamente al CI y
como si de un don se tratara por ser alto, cuando muchas veces implica todo lo contrario. ¿Somos capaces de comprender en la sociedad

actual estas situaciones? Porque el concepto de altas capacidades va mucho más allá, así como las connotaciones que tiene. Aunque se piense que es algo que cualquiera desea, muchas veces comporta situaciones negativas en la realidad sociocultural en la que vivimos. Solo cabría preguntar a Daniel si todo es tan bonito como muchas veces se pinta desde fuera.

¿Qué hacer?

Este sí es un caso de **doble excepcionalidad**, a diferencia del que se ha analizado en un capítulo anterior. Vemos una madre que acompaña: ¡cuán importante es **tener a esos referentes cerca**! Esa **vinculación socioemocional**, a la que hace referencia durante todo su discurso, es tan importante como la vida misma, entendiendo la vinculación emocional como el dar y recibir amor, sin más. Tanto el poder recibir amor como el hecho de ofrecerlo, permite esa vinculación, esas relaciones tan fundamentales con otros. En los casos de autismo, los expertos hablan de la dificultad de expresar emociones y, por tanto, de establecer vínculos, refiriéndose incluso a un trastorno del vínculo. Pero hay que saber qué ocurre cuando existe esa **perseverancia** por parte de la madre en insistir en los abrazos, en explicarle el porqué de ellos, en hablarle a su hijo de sus emociones, de sus fortalezas y también de sus dificultades; en explicarle qué le pasa a él y qué le pasa al entorno —por supuesto, qué le pasa al entorno—. La clave está en **verbalizar** mucho y razonarlo. Además, favorece que su hijo le explique sus preocupaciones y pensamientos; así, al verbalizarlos y hacerlos reales, se pueden abordar y dejan de tener tanta intensidad, y hasta se encuentran soluciones. En cambio, si guarda las cosas para sí y no las expresa, se cierra cada vez más en sí mismo y se agravan las dificultades. Por eso es tan importante hacer partícipe a los propios hijos de su «etiqueta», de su diagnóstico, en contra de lo que algunos especialistas recomiendan: ese silencio, ese girar la cara, ese mantenerlo al margen porque es un niño que hay que «proteger de sí mismo», ese no es necesario, para qué..., ¡esa no inclusión que tanto daña! Como dicen esos profesionales, hay que sucumbir en contra de lo que muchas familias opinan. Pues no, por favor, ¡sed coherentes! Los responsables directos de vuestros hijos sois vosotros. No es de justicia negarles una parte de sí mismos, y más cuando **la justicia** es una de las características que también acompañan a las altas capacidades. No toleran las injusticias, ¿y no es una injusticia no hablarles de ellos mismos? Tengan lo que tengan, sean lo que sean, los hijos y las hijas tienen el derecho de saberlo, y esa es tarea de los padres, es su responsabilidad también. Deben explicárselo, teniendo en cuenta su nivel de comprensión. Hacerles conscientes les ayuda a comprender y a comprenderse. Y a elaborarlo conjuntamente, acompañándoles. Y a buscar soluciones, y a ponerle nombre a las cosas, porque, si no, eso sí que puede llegar a crear graves dificultades. Pero sí, todavía hay profesionales que aconsejan a los padres no explicar los resultados de los test a sus hijos. ¿Para qué? Invito aquí a una profunda reflexión, tanto a familias como a especialistas.

Seguridad implica también aprendizaje, poder profundizar, sacar consecuencias de lo que está ocurriendo donde estamos. O, dicho de otra manera, para aprender es necesario sentirse seguro. En este caso, observamos que las escalas de inteligencia que se pasaron a Daniel cuando tenía cuatro años dieron un resultado por debajo de lo que era capaz de demostrar, no se tuvieron en cuenta los componentes emocionales del niño. Más tarde se le volvió a pasar el test, cuando Daniel estaba mucho más seguro en la escuela, mejor atendido, y ofreció unos resultados bien diferentes. Como comenta la madre, si de aquí a unos años se le volviera a hacer el diagnóstico, en el caso de que él siga este camino de éxito tanto con la música como en el ámbito escolar, seguramente el resultado sería mucho más elevado. Si la seguridad es menor, si se pone en riesgo la estabilidad de dar y recibir amor, se compromete el aprendizaje.

Se compromete también **el resultado de cualquier evaluación**. Debiéramos tener muy en cuenta que los resultados de las pruebas, de los diagnósticos, cambian en función de cómo está la persona evaluada, de quién la evalúa, de dónde y cómo se evalúa. Para ello, sería necesaria una reflexión previa, que tan pocas veces se tiene en cuenta, y considerar los siguientes factores:

♪ Para empezar, el lugar (es muy importante crear lugares seguros), el ambiente, el contexto en que se hace la evaluación con los instrumentos.

Diamantes escondidos

♪ Escoger los instrumentos verdaderamente necesarios. Incluir los test proyectivos, que tanta información ofrecen, además de presentar unos test atractivos, sencillos y contextualizados.

♪ Evaluar no solo a partir de instrumentos; hay otras herramientas imprescindibles —también las pruebas proyectivas— para obtener informaciones más realistas, como la observación en los diferentes contextos donde la persona evaluada se desarrolla.

♪ La relación con quien va a evaluar. Cuántas veces aparecen personas extrañas que se han visto una sola vez. ¿Cómo van a conseguir que el evaluado se relaje, se sienta seguro y pueda obtener unos resultados mínimamente aproximados a la realidad, sin sesgos?

♪ Modular los métodos de comunicación.

♪ La flexibilidad, la adaptación a las circunstancias reales del sujeto evaluado, a los tempos.

♪ Evaluar más allá de la inteligencia, teniendo en cuenta que no solo hay una. Debiéramos huir de esa concepción obsoleta de fijarnos exclusivamente en el CI y valorar los otros tipos de inteligencia: lingüística, lógico matemática, musical, corporal cinestésica, espacial, interpersonal, intrapersonal y espiritual, e integrarlas, valorarlas y trabajarlas.[8]

Asimismo, **se compromete el propio aprendizaje** si los profesionales que atienden, los maestros y profesores no muestran esa necesaria **SENSIBILIDAD**. Tristemente, como han comentado varios de los testimonios que aparecen en este libro, dependerá mucho de la **VOLUNTAD** de los propios maestros el que la persona avance —o no—. Además, recordemos que, **si no nos emocionamos, difícilmente aprenderemos**. Pero no se trata de algo unidireccional, sino bidireccional; si existe emoción por parte de los docentes, bien seguro que contagiarán esa emoción a sus alumnos e influirán en su aprendizaje. Por tanto, emoción, sorpresa, alegría, curiosidad y RETO son in-

---

8. En *Supermentes. Reconocer las altas capacidades en la infancia*, publicado por Gedisa en 2019, realizo una amplia propuesta en este sentido.

gredientes esenciales para aprender. Se dispara la amígdala. Veamos: sentirse querido, entendido, facilita la creación de seguridad. Eso regula su respuesta emocional. En términos de neurociencia, se dispara la amígdala, que es el lugar del cerebro desde donde se dirigen las emociones, los sentimientos de las personas. Eso quiere decir, entre otras cosas, que, a través del amor, del sentirse amado y seguro, gracias a esa comunicación, la persona puede reaccionar y controlar esas respuestas de satisfacción o insatisfacción y de miedo (por tanto responde y expresa una emoción determinada). Pero además, estar conectado al lóbulo frontal facilita la posibilidad de inhibir algunas conductas. Está claro que, si una persona se siente comprendida, es más fácil que pueda encontrarse tranquila y segura, y pueda hacer lo que se proponga. Sentirse entendido te regula emocionalmente. En cambio, si no te sientes comprendido, no estás tranquilo, estás inseguro, y los aprendizajes no se pueden realizar.

La idea de que la educación todo lo cambia es bien cierta, pero debe tenerse muy en cuenta la importancia de **la educación emocional**. Con mucha paciencia, con tiempo, estando ahí. En los casos de altas capacidades, al igual que en los casos de Asperger, es muy importante dar espacio a las emociones. Evidentemente, en el diagnóstico existen también instrumentos para evaluar las emociones. Pero más allá de los test, la educación psicosocioemocional debiera incluirse en cualquier currículo.

Al acabar este capítulo, alejo mis ojos del ordenador y desde mi silla miro ahora hacia allí, hacia ese paisaje que ha dejado una huella honda en mí. Miro sin estar allí. Veo a través de la ventana esa luz, esos corazones al ritmo de esa flauta inca dirigiendo la música que estoy escuchando. Música para el alma. Miro a sus gentes. Y ya las añoro. Su belleza, su bondad, su armonía, su quehacer, su sabiduría, su acogida... Me enamoran.

> Estoy delante de este paisaje musical,
> mi corazón contempla un instrumento
> que cuando toca
> colorea todo lo que existe.

Tengo infinitas razones para perderme
en una nota, en un acorde.
Tengo infinitas razones para amar tantas canciones,
desde el alba hasta el anochecer y viceversa,
porque escuchaba una canción
y vi cómo un campo gris se puso verde
y cómo un cielo vacío se llenó de estrellas.
La música
me alegra, me aligera,
me olvido de mis penas,
me transforma, enamora.[9]

9. Jose J. Carlos Collantes. *INKA Spirit. The mystic sound of the flute inca.* CD vols. 1 y 2.
Producción: JC Producciones. Estudio de grabación: Andes.

CODA

Unos pequeños *compases* —o no tan pequeños—, aquí me lanzo después de esta última exposición del segundo tema, que ha contado con la presencia de nuestro trombón, y así hemos ascendido y estallado con la tonalidad de do mayor introduciéndome aquí yo misma a modo de percusión.

Me he planteado este proyecto como un reto, como una aventura, como un juego sensual al igual que hizo Ravel con su *Boléro*. He disfrutado durante todo el proceso de creación, desde la idea que surgió en mi mente, pasando por la vida de estas personas y llegando hasta el final, contrastándolo con la editorial. Ahora ahí está y espero que lo hayas disfrutado también. El *ritmo* y la *tonalidad* que han marcado toda la obra me han acompañado. Su esencia —como la del *Boléro*— está en decir lo mismo explicándolo de múltiples formas. Dicen que el *ritmo* del *Boléro* es un *ritmo* que apela al cuerpo, a algo arcaico y profundo, a la sensualidad, y así es como me siento y me he sentido. Ha sido una constante conversación entre la *melodía* del *Boléro* y los *ritmos* de cada testimonio que van *in crescendo*, desde la singularidad propia de cada uno. Es, de hecho, su hilo conductor, un transformador *crescendo* que surge de muy adentro de mí misma hacia un afuera muy explosivo, orquestando todas las voces, añadiendo sus instrumentos, continuando orquestando la *melodía* una y otra vez, como si de una fórmula matemática, perfecta, se tratara. El esqueleto es muy sólido, su *ritmo* me ha sostenido, esa estructura rítmica intensa, punzante, que me ha permitido ir al límite, *in crescendo*. Siempre me vi bailando, ya desde muy pequeña, esta danza frenética y tan lúcida al mismo tiempo. Y ahora, a mis 53 años, lo he podido lograr a través de la escritura, gracias a esas supermentes que me han guiado a lo largo de estas páginas de forma vibrante, intensa.

Cierre

Ya toca componer esa tonalidad del *Boléro* modulada en este final. A modo de explosión, como si de una inmensa descarga se tratara, con una escala flamenca descendente, conducida por el *tutti* hacia un final con ese sensual acorde en *do mayor*.

Y ahora *el silencio*, esa conmoción tan conocida que se siente al haber llegado al último acorde, vibrando con gran intensidad emocional
ese
último
silencio,
como si de un renacimiento se tratara.

¡Hasta la próxima aventura!

Gracias a tod@s los que habéis participado en esta preciosa travesía. Gracias a ti, apreciad@ lector@, por llegar hasta el final.